U0900166

铁 路 合 作 组 织

（铁 组）

国际联运客车使用规则

（客车规则）

（2009 年 1 月 1 日起施行）

中 国 铁 道 出 版 社

2 0 0 9 年 · 北京

图书在版编目(CIP)数据

国际联运客车使用规则．客车规则/铁道部国际合作司编．—北京:中国铁道出版社,2009.1

ISBN 978-7-113-09491-1

Ⅰ．国…　Ⅱ．铁…　Ⅲ．国际运输:联合运输:铁路运输:旅客运输－车辆运行－规则　Ⅳ．F531.4－65

中国版本图书馆 CIP 数据核字(2008)第 212470 号

书　　名:国际联运客车使用规则(客车规则)
作　　者:铁道部国际合作司　编
审　　校:李宝仁

责任编辑:吴　军　韦和春　　**电话**:(010)51873094
责任校对:孙　玫
责任印制:郭向伟

出版发行:中国铁道出版社(北京市宣武区右安门西街 8 号　100054)
印　　刷:北京盛通印刷股份有限公司
版　　次:2009 年 1 月第 1 版　2009 年 1 月第 1 次印刷
开　　本:880 mm×1 230 mm　1/32　印张:3.25 字数:94 千
书　　号:ISBN 978-7-113-09491-1/U·2402
定　　价:24.00 元

版权所有　侵权必究

凡购买铁道版的图书,如有缺页、倒页、脱页者,请与本社读者服务部调换。

电　　话:市电(010)63549495　路电(021)73170(发行部)

打击盗版举报电话:市电(010)63549504　路电(021)73187

目　　录

1 总　　则

1.1 本规则适用于国际联运中交接的客车规则协约参加铁路的一切客车(下称车辆)。

1.2 车辆由一国铁路向另一国铁路过轨,轨距相同和不同时均可办理。

轨距不同时,各路间车辆依照下列情况过轨:

1.2.1 车辆不换轮沿交付路轨距运行到位于接收路境内的车辆到站。

1.2.2 车辆换到另一种轨距的转向架或轮对上。

转向架由车辆的移交路、接收路或所属路提供,转向架的提供和返还办法由移交路、接收路或所属路商定。

1.2.3 使用变距轮对和混合型牵引车钩时,这种车辆的运行条件由有关路商定。

1.3 根据双方铁路中央机关的商定,车辆换轮作业在设有必要的换轮设备的国境站和其他换轮地点进行。

车辆返回换轮地点时,应使用上次换轮至其他轨距转向架或轮对前从该车上取下的转向架或轮对进行换轮。

1.4 私有车辆的换轮,一般在由车辆所属者(租赁人)和私有(租赁的)车辆配属路同车辆换轮作业的铁路缔结协议的情况下,使用该路的转向架进行。

在车辆换轮作业的铁路与私有(租赁的)车辆所属者或接收路间缔结协议的情况下,可将私有车辆换轮到车辆所属者(租赁人)或接收路转向架上。

在私有车辆所属者(租赁人)或其委托人同转向架所属路缔结协议后,由私有车辆所属者(租赁人)支付转向架使用费。

1.5 客车规则协约参加路一方向另一方移交车辆,而这些车辆是属于同接收路没有协定的铁路时,对这类车辆的使用费、破损和失却的赔偿费，应由车辆接收路向这类车辆移交路按照车辆所属路和车辆移交路间现行协定规定的计费标准偿付。

客车规则协约参加路一方向另一方移交车辆，而这些车辆是开往非客车规则协约参加路时，对这类车辆在非客车规则协约参加路上产生的使用费、破损和失却的赔偿费，应由向非客车规则协约参加路移交车辆的铁路按照车辆移交路（客车规则协约参加路）和车辆接收路（非客车规则协约参加路）间协定规定的计费标准偿付。

此类计费标准由移交这类车辆的铁路向客车规则协约其他参加路及未同车辆所属路签订协定的铁路公布。

1.6 本规则所发生的一切清算，均按《国际旅客和货物联运清算规则》中规定的办法和期限办理。清算也可根据某些铁路间缔结的协议进行。

1.7 客车规则协约个别参加路间，可缔结有关相互使用车辆以及建立车辆备用零件库的专门协定，但这种协定不得触及客车规则协约其他参加路的利益。

2 车辆准许运用的条件

2.1 凡适合运用并符合客车规则附件1技术要求的车辆,可在国际联运各铁路上运用。

符合交付路机车车辆限界的车辆,允许在换乘运送中运用。车辆在中铁及1 000 mm轨距铁路上运行时,应符合有关铁路间商定的特定技术条件。

2.2 在国际联运中,1 435 mm轨距客车轴重不应超过20 t,保铁不应超过22.5 t。

2.3 在国际联运中运行的车辆应具有转向架。车底架和包括骨架在内的车体应为全金属结构。在1 000 mm轨距铁路上运行的越铁车辆,车底架和车体骨架可以是非金属的。

2.4 坐席车和坐卧车及合造车(坐席车与餐车)除外,应根据客车规则附件31的规定,按每一等级分出吸烟者和不吸烟者的单独包间。[1)]

2.5 为了能够预留席位,在坐席车和坐卧车内每一席位上方应固定有标牌,注明席位号。

席位应根据客车规则附件29编号。

---

1)这项规定不适用于中铁车辆和轨距为1 520 mm铁路的车辆。

3 车辆提供办法

3.1 在旅客列车运行时刻表有效期内,定期挂运车辆的提供办法和数量,各车厢的运行经路编号,必要的速度,最低制动率以及座卧混合型车辆运行经路的确定,均在铁路合作组织(铁组)范围内举行的《国际旅客联运直通车辆经路汇编(客车运行经路汇编)》参加者会议或在双边协议范围内举行的会议上商定。

定期运行车辆经路的资料,应在《客车运行经路汇编》内注明。该汇编由铁组委员会工作机构根据各路提案编制和商定,并在新时刻表施行前14天通知各路。

3.2 非定期运行车辆的提供办法和车数,以及在定期运行[1]中运量增加时加挂车辆提供办法和车数,由有关各方每次具体规定。

---

1)“定期运行”是指列车按照有关各方所商定的运行经路和运行时刻表,并在运行时刻表有效期间内定期开行。

“非定期运行”是指列车按照每一个别情况下有关各方所商定的运行经路和运行时刻表开行。

4 车辆的交接

4.1 由一国铁路向另一国铁路移交车辆,按下列规定办理:

4.1.1 不换乘联运——在双方国境铁路协定中所规定的国境站办理;

4.1.2 换乘联运——在接收路国境站办理。根据双方协议,也可在交付路国境站办理车辆移交。

4.2 提供移交的车辆,应仅限于完全符合客车规则附件 1 的技术要求,并由交付路在技术和运送方面事先加以检查,认为适合在国际联运中运行的车辆。车辆所属路应允许接收路进入车辆折棚和通过台检查其影响运行安全的部件技术状态。所属路对自方空车,除第 12.4 项所载的车辆外,不论其技术状态如何,均必须接收。

将不能运用的不良车或破损车(不符合客车规则附件 1 的技术要求)移交所属路或移交过境路以便返还所属路时,接收路应按客车规则附件 2 的格式编制记录,证明车辆的状态。此记录由双方铁路代表签字。记录用接收路国家文字填写并译成中文或俄文,或按有关路间的协定,使用其他文字。

记录由接收路按下列要求编制:

4.2.1 向过境路移交车辆时,编制四份,交付路与接收路各执一份,第三份和第四份由接收路收集,并每月(下月 15 日以前)寄送破损车辆所属路的车辆主管部门和清算机关。

此外,造成车辆破损的铁路,应根据客车规则第 12 条规定在这些车辆上贴附客车规则附件 8、附件 8 之 1 或附件 8 之 2 格式的标志。

这些标志用造成车辆破损铁路的国家文字填写,并将故障一览表译成中文或俄文。

标志贴在车辆两侧经路牌框架旁边,如无此可能,则贴在纵梁两侧,在车辆返还所属路以前,不得取下。

4.2.2 造成车辆破损的铁路直接向车辆所属路移交车辆时,编制三份记录，车辆所属路收执两份，交付路收执一份。

双方代表签署的记录，即是造成车辆破损的铁路和车辆所属路之间的清算依据。造成破损的铁路应对记录中记载的破损和不良情况承担物质责任。

对在与第三国铁路联运中运行的车辆，如在这些铁路上发生故障并贴有《国际联运客车和行李车互用规则》规定的“M”、“L”、“K”标志时，不编写客车规则附件2格式的记录。

4.3 列车中车辆（不论列车中车辆数目多少）的交接时间规定如下：

4.3.1 车辆不换轮——不得超过30 min；

4.3.2 车辆换轮——不得超过60 min。

一国铁路向另一国铁路移交车辆，应以车辆交接单（客车规则附件3）办理手续，车辆交接单由交付方编制四份，每方各执两份。车辆交接单应自日历年度起连续编号。

4.4 车辆交接单交给接收方人员的时间，即为车辆的提交时间。

车辆交接单在交给接收方人员以前，应由交付方人员签字，而接收方人员应在提交的车辆检查完毕或在规定检查时间终了后，立即在单据上签字。

提交车辆的时间和车辆检查时间，应由双方人员加盖日期戳证明。

自接收方人员在车辆交接单上签字之时起，即认为车辆已移交完毕。

4.5 车辆由于下列原因，可不予接收：

4.5.1 如果车辆不符合本规则的要求（见第4条第4.2项）；

4.5.2 如果车辆经由的国境站间行车中断，而且无法经由其他经路交车（就此事应及时通知有关方面）；

4.5.3 如果铁路中央机关禁止接收（就此事应及时通知有关方面）；

4.5.4 如果车辆通过了因发生疫情实行卫生检疫的地区，而又没有关于这些车辆已经过消毒的证明书；

4.5.5 如果接收路确知客车曾被用作运送患传染病的旅客或行李车曾被用于运送动物而未经过消毒。

4.6 各种情况下拒收车辆时，接收方铁路人员应按客车规则附件6

格式编制记录,并注明拒收车辆的原因和将车辆返还交付路的期限。

被拒收的车辆应从车辆交接单中划销。在车辆交接单的备注栏内注明客车规则附件6格式记录号码并记载“未接收”字样。

记录用接收路国家文字填写,并译成中文或俄文,或按有关路间的协定使用其他文字。

记录一式两份,每方各执一份。

被拒收的车辆应以新的车辆交接单返还交付方国境站,并注明“拒收车辆”字样和拒收记录内容摘录。

4.7 仅运行到另一国进口国境交接站为止的车辆,不办理技术交接。这种车辆过轨时应以客车规则附件3格式的车辆交接单办理手续。

5 车辆的使用条件

5.1 自接收方人员在车辆交接单上签字时起,接收路对所接收的车辆承担本规则规定的责任和义务。

5.2 一国铁路对他国铁路的车辆,必须爱护并且保持技术状态良好。

5.3 由他国铁路接收的车辆,应按其直接用途使用。

不按直接用途使用车辆(如卧车改作坐席车、变更车辆运行经路等),仅在事先取得车辆所属路的同意时,方可办理。

5.4 客车规则协约参加路必须保证车辆按照有关各方所商定的列车运行图运行。

5.5 如车辆须在某车站改挂其他列车,但当车辆抵达这个车站时,应挂的列车已经开出,或虽在开车前到达,但因晚点,为编挂这种车辆进行调车作业可能造成应挂的列车延误而超过运行图规定时间时,这种车辆就应随同以后最先发出的旅客列车向到站挂送。

上述车站或铁路应立即将这种情况用电报通知行经的各路,以及发站、到站、各参加路的国境站和换轮站。电报中应注明摘车日期、车次、摘掉的车辆和提供的代挂车辆的号码、经路号码、摘掉的车辆顺号以及向终点站挂送晚点车辆的列车车次。

到达站应将晚点到达的车辆编入定期运行的原列车上。如车辆不能挂入定期运行的列车,则代挂车辆应留在该列车内。如没有代挂车时,到站应提供自路车辆编入列车内。

5.6 客车规则协约参加路可互相支援客车,以保证国际旅客联运和国内客运。

互相支援的车辆按有关各方商定的条件使用。

6　列车摘解车辆

6.1　列车摘解车辆时，摘车的铁路或车站应将此事用电报通知车辆所属路、发站、到站（折返站）、国境站、曾进行换轮的车站以及这些车辆应行经的各铁路。

6.2　电报中应载明下列事项：车号和所属路或车辆的12位编码，车种，车辆定期运行经路号码，经路名称、车次、车辆在列车中的顺号、摘车的车站和日期、摘车原因以及预定将车辆编入列车返还的事项或车辆编入相应列车返回一事。

6.3　摘下的车辆，应尽可能以同一类型的其他车辆取代。就此，应用电报通知经由的各铁路、发站、到站（折返站）以及国境站和将进行换轮的车站，并注明车种和席位数。

6.4　特殊情况下，允许用一等车代替摘下的二等车。这时应在车门的窗户上标出二等车的标记。

6.5　定期运行列车摘下的车辆，应在消除造成摘车的故障后，在终点站（折返站）重新按计划挂运。

6.6　在例外情况下，如果列车中摘下的车辆短时间内不能修复，则被摘车辆的所属路应用自路车辆替换被摘车的代挂车。在电报中应说明有关事项。

6.7　如果车辆使用路不能消除故障，但这些故障并不危及行车安全（如取暖、照明、车内设备等故障），而且车辆可以编入旅客列车不限速运行，则该车辆可随旅客列车空返所属路。

6.8　代挂车辆用完后应编入定期运行的旅客列车返还所属路。关于这些车辆的返还事项预先用电报通知行经的各铁路。电报中应包括有关资料。

6.9　各路的电报地址载于客车规则附件5之1。

7　车辆使用费的偿付和其他清算

7.1　定期运行和非定期运行车辆的使用费,都应按相互抵算车辆走行公里的方法偿付。

应使每方都有可能以实物偿付自己拖欠的车轴公里数。

下列车辆走行公里不予补偿:

——公务车;

——瞭望车;

——卧车;

——餐车;

——邮政车;

——专为运送免费乘车旅客用的非定期运行的坐席车和坐卧车。

7.2　以客车走行的轴公里作为计算单位。六轴车按四轴车计算。行李车按客车轴数的0.7计算,运送小轿车的车辆按客车轴数的0.5计算。

以普通坐席客车走行轴公里的65%作为坐卧车走行公里的计算单位。

7.3　无论重车或空车,均应按其实际走行公里补偿。

7.4　对于未按有效走行公里抵偿的空车走行公里,完成该走行公里的铁路,应按客车规则附件30第1项所载数额向发出这种车辆的铁路收取补偿费用。

7.5　走行公里数应在参加各联运的铁路间分别补偿。

7.6　对于未补偿的客车实际走行公里(车轴公里),应按客车规则附件30第2项规定的费率每年(统计年度1月至12月)偿付一次。

7.7　客车换轮的费用由进行换轮的铁路按客车规则附件30第3项规定的费率计算。这项费用由参加该联运的铁路按照有关路间适用的国际运价规程中所规定的完成走行公里的比例分摊。

非定期运行的专用车辆的换轮费用(瞭望车、技术服务车),根据各方商定结果由车辆所属路支付。

7.8 摘下已经换轮,但由于技术故障被接收方拒收的车辆时,其换轮费用由参加该联运的有关路按实际完成的走行公里的比例分摊。

8 空车的运行

8.1 编入定期运行和非定期运行列车的空车和由列车摘下的车辆，在客车规则协约参加路运行不收运费，但应计算走行车轴公里。

8.2 这些车辆除因技术状态不良，只能随货物列车挂运外，都应随旅客列车挂运。

8.3 向所属路返还的空车，应按原经路经接收车辆的国境站运行。

8.4 根据各方协议，上述车辆可以不经原经由的国境站返还。对这些车辆应按有关铁路间适用的协定中所载的格式编制运行报单，寄送车辆所属路国境站站长。

8.5 关于空车运行事项，有关车站或铁路应及时用电报通知车辆行经的各路、发站、到站、各参加路的国境站和换轮站以及车辆所属路。

9　车辆的运用

9.1　客车内为旅客服务依照下列规定办理：

9.1.1　卧车或在区段上作为卧车使用的坐卧合造车，由车辆所属路的人员担当乘务。

9.1.2　坐席车由运行经由路的人员担当乘务，或根据有关铁路的协议，由车辆所属路人员担当乘务。

9.2　车辆应由车辆运行经由路免费供应独立暖房用的煤，免费保证蒸汽或电气供暖和供水。

需供煤时，车辆服务人员应按客车规则附件 4 的格式提出请领单。请领单应编制三份，其中两份交给供煤路，一份（存根）留请领路存查。

9.3　客车规则协约参加路应及时并免费传递有关直通国际联运车辆运行的各项公务电报。

有关定期运行和非定期运行列车中车辆乘务的公文，按每一国家所定规则的一般原则递送。

9.4　车辆服务人员遇有车辆整备、发送公务电报、需要医疗救护等问题时，应向车站值班员提出。

9.5　有关国际联运中餐车运行的一切问题，应由有关铁路间缔结的单独协议加以规定。

10 车辆内部的设备和备品

10.1 卧车所属路应保证完全满足车内旅客往返全程所需的必要数量的卧具和设备。

10.2 车辆内部的设备和备品应按客车规则附件10格式写成备品单挂于车内墙上,并以瑞士法郎标价。备品单应用车辆所属路国家文字制作并译成俄文。车辆在中华人民共和国铁路上运行时,并应译成中文。

10.3 车辆内部的设备和备品的保管责任:

10.3.1 所属路人员随乘时,由车辆的随乘人员负责;但如车辆从列车中摘下送往修理超过3天,则使用路应按乘务人员的要求按备品单接管车辆内部的设备,并编写交接记录,双方各执一份。在这种情况下,乘务人员应离开车辆,内部设备由使用路负责。车辆修复后,使用路应根据接收车辆的电报,将车辆移交所属路随乘人员,如发生设备短少,应按客车规则附件7的格式编制记录。

10.3.2 所属路人员未随乘时,由车辆的运行经由路负责。

10.4 无所属路服务人员随乘的坐席车和行李车移交时,车内设备和备品按备品单移交。如现有内部设备及备品与备品单的记载不符时,应由接收路按客车规则附件7的格式编制记录,作为清算的根据。记录以接收路国家文字填写并译成中文或俄文。

记录的编制要求如下:

10.4.1 向过境路移交车辆时,编制四份,交付路与接收路各执一份,第三份和第四份记录由接收路收集并每月(次月15日前)寄送破损车辆所属路的车辆主管部门和清算机关。

10.4.2 向所属路移交车辆时,编制三份,交付路收执一份,所属路收执两份。

10.5 无所属路服务人员随乘的其他车辆(卧车、餐车和公务车)移交时,车内设备和备品也按第10.4.1和10.4.2两项所列办法,由接收路列车员按客车规则附件7的格式编制记录。

11 车辆的清扫和消毒

11.1 客车规则协约参加路应在各发站和到站以及列车运行图规定的途中经由站，仔细地进行车辆清扫。

这些铁路还必须供给用水、手纸、手巾、液体或固体肥皂。

11.2 车辆内外部清扫和消毒时所使用的工具和动作不得使车辆及其设备遭受损坏。

11.3 载运患传染病旅客的车辆或运送动物（旅客随身携带的动物除外）的车辆，在旅客下车或动物卸下之后，应按照进行消毒铁路的国家卫生检查机关的规定，立即消毒和清扫。

11.4 如车辆通过了已规定实行疫情卫生检疫的地区，则在移交他路以前应对这些车辆进行消毒。

11.5 为预防某些传染病，铁路可于车辆运行途中，按照进行消毒的卫生部门的规定，对所有车辆（包括车辆所属路列车员担任乘务的车辆）的卫生间进行消毒。

11.6 车辆清扫和消毒的器材和费用，由车辆所在路负担。

12　车辆的保养和修理。破损车辆，严重破损的车辆或转向架

12.1　车辆的定期修理和检查由所属路负责进行。

12.2　车辆的保养（技术检查、维修、摩擦部分的注油）以及为消除车辆在运用中发生的破损所使用的器材和费用，由车辆所在路负担。

修理车辆时，应使用适当质量的材料和备用零件。禁止改变车辆的构造。

使用路只可修理不需大量材料消耗的微小破损。

12.3　破损车辆主要应由所属路修理，费用按客车规则附件 9 规定的单价计算，由造成车辆破损的铁路负担。

车辆每次脱轨后均需经过检查，以确定其是否适合运用。

禁止使用路修理滚柱轴承的轴箱，为了旋修轮对的踏面可拆下轴箱盖。必要时，应向车辆所属路索要带有滚柱轴承的轮对。

12.4　破损车辆的分类：

12.4.1　破损较轻、不影响车辆按其用途运用的破损车辆，应贴附客车规则附件 8 格式的标志。

12.4.2　因破损不能无任何限制编入旅客列车中运用的破损车辆，贴附客车规则附件 8 之 1 格式的标志。

12.4.3　如果车体或底架或走行部因撞车、脱轨、事故、颠覆、燃烧受到相当大的破损，则车辆视为严重破损。在只有转向架严重破损的情况下，则每个转向架视为一辆二轴车。

第一个接收路应向交付路最终确定，车辆能否在其路网和以后的路网内安全运行。

12.4.4　如车辆或转向架严重破损，使用路须将破损程度和类型、车种及制造年度通知所属路。

关于车辆或转向架的修理或报废或返还所属路问题，与所属路协商解决。严重破损的车辆或其部件只有取得所属路同意后，才能返还所属

路。

所属路应将自方决定通知使用路和过境路。

如所属路不同意接收,则过境路可拒绝接收严重破损车辆或转向架。

12.4.5 严重破损的车辆应由使用路按能运行至所属路的程度加以修理,费用由使用路负担。这种车辆应贴附客车规则附件8之2格式的标志(蓝色)。

如不能将严重破损车辆或转向架修复到能够自轮安全运转的程度,使用路应将车辆或转向架装在平车上运回所属路。这种车辆或转向架应贴附客车规则附件8之2格式的标志(红色)。

按有关铁路间适用的协定中所载格式的运行报单办理车辆运送。运送严重破损的车辆或转向架,不核收运费。

12.5 所属路向造成车辆破损的使用路寄送下列数额的账单:

——根据客车规则附件9计算的车辆修理费;

——根据第13.3.1项计算的报废车辆赔偿费。

使用路有权按上述两项中款额较少的一项支付。

12.6 必要时,修理破损车辆所必需的备用零件,可按照客车规则附件11的格式和客车规则附件5所载的地址,向所属路索要。请领单中应载明下列事项:备用零件的详细名称和规格(必要时附上备用零件的略图),破损车辆的车种和车号,车辆配属路以及备用零件应发往的地址。在轮对请领单中除上述各项外,还应载明轮对类型、车轮直径和轴颈中心线的距离。

12.7 为修理车辆而发送的备用零件,即:轮对、扁弹簧、转向架圆弹簧、自动车钩,由所属路免费供给,并应不需要再经加工即能使用。

修理车辆用的其他备用零件由所属路供给,费用由使用路负担。

破损的轮对、扁弹簧,不论破损程度如何,都应返还车辆所属路。破损的其他零件不返还所属路。

破损的零件应经由更换备用零件经过的国境站返还。

如应予返还的车辆破损零件未返还所属路,则应向所属路赔偿相应的新零件价格的60%。该项赔款由不能证实上述车辆零件业已移交的铁路支付。

发往到达路的车辆备用零件上,应以油漆涂写:所属路标志、需用这些零件的车辆号码和到达地(应注明到站和到达路)。

发往所属路的车辆破损零件上,应以油漆涂写:所属路标志、取下零件的车辆号码和到达地(应注明到站和到达路)。

如发送或返还的车辆零件上地方太小,无法涂写这种标记,则应将标记涂写在这些零件所附的金属牌上。

为修理破损车辆而发运的备用零件,未运到到达路即丢失时,必须按其价格赔偿。此项费用应由丢失这些零件的铁路或不能证明零件移交的铁路支付。

12.8 备用零件尽可能以快运办理。返还破损零件以慢运办理,按客车规则附件5所列的地址运送。

12.9 运送备用及破损零件时,不需要进出口许可证。运送备用和破损零件的所有费用,由车辆破损的过失路支付。

12.10 发送备用和破损零件时,应以运行报单办理手续。在运行报单"货物名称"栏内可载明"免征进出口和过境关税的货物"字样,并注明需用这些所发零件的车辆号码和车种或取下破损零件并返还的车辆号码和车种。

13　失却车辆的赔偿

13.1　由于严重破损而应报废的车辆，以及由于其他原因在 3 个月内没有返还所属路的车辆，都视为失却的车辆。

13.1.1　遭受破损（撞车、脱轨、事故、颠覆、着火）而无法使用的车辆，为严重破损车辆，应予报废。在只是转向架严重破损的情况下，应对每台转向架单独处理。

13.2　失却车辆的铁路，应将此事用电报通知所属路，电报内载明：车号、车次、该车运行经路的名称及失却的原因。

无 12 位数字代号的车辆，还需在电报中注明车种、轴数和配属路。

13.3　使用路应按商定的车辆单价表（客车规则附件 9 之 1）所列的车辆价格，向所属路赔偿失却的车辆。

根据有关方面的协商，失却的车辆可用实物赔偿。

如经所属路同意，使用路将严重破损的车辆返还所属路，而所属路将其报废时，则使用路向所属路赔偿新车价格 85% 的款额。

在欧洲 1 435 mm 轨距铁路与 1 520 mm 轨距铁路之间适用下列规定：

13.3.1　对于失却的客车，使用路应向所属路赔偿按下列办法确定的款额：

13.3.1.1　根据客车规则附件 9 之 1 表 1 确定车辆价值。

13.3.1.2　从按第 13.3.1.1 项计算的赔偿款额中扣除返还轮对的价格，不论其状态如何，均按新轮对计价。

13.3.1.3　从按第 13.3.1.1 项和 13.3.1.2 项计算的赔偿款额中，扣除 1/6 作为根据书面协议返还的其余零件的价格。

13.3.1.4　如未向所属路返还任何零件，则不能根据第 13.3.1.2 和 13.3.1.3 项扣款。

13.3.1.5　从最后款额中应扣除车辆折旧费（每年按 3% 计算，但总额不得超过 75%）。制造年度和破损年度计算为一年。

13.4　车辆自所属路向他路过轨之日起3个月内没有返还所属路时，所属路应向根据统计尚未返还车辆的铁路提出该车价格款额的账单。

在欧洲1 435 mm轨距铁路与1 520 mm轨距铁路间适用下列规定：

13.4.1　如客车自所属路向他路交付之日起3个月内没有返还所属路，则所属路向尚未返还车辆的使用路提出按第13.3.1项计算的该车价格款额的账单。

13.5　如失却的车辆在失却后的一年内找到并返还所属路，所属路应返还已收的失却车辆赔偿款额，但扣除年息6%。年息从向所属路发出失却车辆通知之时起，算到车辆返还所属路之时止。

13.6　在欧洲1 435 mm轨距铁路与1 520 mm轨距铁路间适用下列规定：

对于严重破损的转向架，使用路应按其价格向所属路赔偿。

转向架的折旧应根据发生严重毁损时转向架上的车辆使用期来确定。

附件 1(第 2.1、4.2 项)

国际联运客车的技术要求

1 一般规定

1.1 车辆的横断面外形应符合在车辆全部运行经路上各铁路的机车车辆限界(图 1)。

车辆的尺寸超过运行经路上的一路或数路机车车辆限界所容许的尺寸时,发送路须事先与这些车辆运行经路上各铁路协商后才允许通过。

1.2 连结装置的所有部分(车钩、连结软管等)在非使用状态时,其下垂至轨面距离不得小于 140 mm。如可能小于上述距离时,应将连结装置提起达到不小于上述距离的高度。

1.3 电气设备零件与轨面的接近距离,不得小于 100 mm。

1.4 车辆转向架的轴距不得小于 2 000 mm。车辆应适合于自由通过 150 m 半径的曲线。

1.5 准许在国际联运中运行的符合欧洲 1 435 mm 轨距限界的车辆,应有 MC 标记。

同 0 – BM 限界相符的车辆应有Ⓜⓒ – 0(客车规则附件 21)标记,同 1 – BM限界相符的车辆应有Ⓜⓒ – 1(客车规则附件 22)标记。

上述标记应以白铅油涂在车辆两侧下部中央。[1)]

1.6 为了便于连结员工作,装有螺杆链钩的车辆应具有:缓冲盘和螺杆链钩侧面间的自由空间不得小于 400 mm;由缓冲盘的冲击面到端梁间的纵向自由空间在缓冲器全部压缩后,不得小于 300 mm。在两缓冲器和螺杆链钩间距轨面 2 000 mm 高度处的车辆端板上不得有任何突出的物件。

1.7 由于中国和朝鲜机车车辆构造上的特点,在不换乘运送中,行经中铁和朝铁车辆的连接问题,应由有关方面之间协商解决。

---

1)中、俄、朝、越、蒙各路间运行的车辆上的标记涂写问题,由这些铁路协商解决。

2 轮　对

2.1　轮对应该有带扣环轮箍的车轮或不带轮箍的钢轮（整体辗钢轮）和滚柱轴承。

轮箍车轮的轮心应为钢质辐板结构。

轮箍端面或整体车轮代替轮箍部分不得覆有油漆或任何油垢。

2.2　轮箍或轮辋的内侧面间距离，1 435 mm 轨距应为 1 360 mm ± 3 mm；1 520 mm 轨距应为 1 440 mm ± 3 mm，当速度大于 120 km/h 且不超过 160 km/h 时，应为 1 439 mm ~ 1 443 mm。

在中铁和朝铁，当轮辋宽度是 127 mm ~ 136 mm（不包括 136 mm）时，该距离应为 1 353 mm ± 31 mm；当轮辋宽度是136 mm以上（包括 136 mm）时，应为 1 353 mm ± 3 mm。

2.3　轮箍或整体辗钢轮轮辋的宽度，最大可为 140 mm，最小可为 130 mm。

2.4　轮箍的厚度（按踏面基圆计算）不得小于 35 mm。

整体辗钢轮代替轮箍部分的最小厚度应在其外侧旋出永远清晰的标记线标明。

2.5　轮箍轮缘或轮辋轮缘自踏面基圆水平测得的高度，不得大于 36 mm，且不得小于 25 mm。

2.6　对于欧洲 1 435 mm 轨距铁路区段上运用的轮对，其轮箍轮缘或轮对轮缘在距踏面基圆外侧 10 mm 处测得的厚度，不得小于 22 mm。

这些轮对的轮箍轮缘或车轮轮缘内侧面间在距踏面基圆 10 mm 高处测得的尺寸，不得大于 1 426 mm 且不得小于 1 410 mm。

最小尺寸不适用于无转向架车辆的中间轮对以及转向架中间轴。

1 520 mm 轨距铁路车辆轮缘在距其顶点 18 mm 处测得的厚度，不得大于 33 mm 且不得小于 25 mm。

中铁和朝铁车辆轮缘在距其顶点 15 mm 处测得的厚度，不得大于 34 mm且不得小于 23 mm。

已形成锋芒的轮缘禁止使用。对于 1 435 mm 轨距的欧洲铁路车辆，用量规在车轮轮缘上测得的 q_R 值应大于 6.5 mm，同时轮缘外导面从最高处起 2 mm 以下不应有尖角轧疤（客车规则附件 28）。

2.7 车轮的踏面基圆磨耗准许为：在时速 120 km 以内的列车中挂运的车辆，不得大于 7 mm；在时速 120 km ~ 140 km 的列车中挂运的车辆，不得大于 5 mm。

这不适用于欧洲 1 435 mm 轨距的铁路车辆。

2.8 轮对不准有下列不良情形：

2.8.1 车轴上任何部分有纵向和横向裂纹。

2.8.2 车轴磨伤处呈锐角边缘或磨伤深度大于 1 mm。

不准制动拉杆或其他部件擦磨车轴。

对 1 520 mm 轨距车辆，轴身的磨伤深度不准大于 2.5 mm。

2.8.3 轮箍或轮辋、辐板、轮毂或轮心有裂纹。

2.8.4 轮辋或轮箍轮缘有缺损。

2.8.5 轮箍在轮辋上或车轴在轮毂或轮心内松弛[1)]。

轮箍松弛的迹象如下：

2.8.5.1 以手锤敲击轮箍时声音暗哑。

2.8.5.2 轮箍和轮心上的检查线不相对（轮箍和轮心上应用耐热油漆涂刷 4 条检查线）。

2.8.5.3 轮箍扣环松弛。

2.8.5.4 轮箍同轮心的轮辋之间生锈，长度超过周长的 1/3。

2.8.6 轮箍或整体碾钢轮的踏面擦伤深度超过 1 mm 或长度超过 60 mm。

2.8.7 车轮或轮箍的踏面剥离和脱落（砂眼），长度超过 25 mm 或深度超过 3 mm。

2.8.8 轮缘垂直磨耗高度超过 18 mm。

2.8.9 轮缘磨耗形成碾堆。[2)]

2.8.10 轮箍或轮辋踏面金属附着物长度超过 60 mm 或高度超过 1 mm，当速度超过 120 km/h 时，其高度大于 0.5 mm。

2.8.11 压装轮箍的车轮中不准有：

2.8.11.1 轮箍相对轮心横向位移的迹象（只有挡圈短缺、松动、裂

1）车轴上不准有焊接处。

2）欧洲 1 435 mm 轨距铁路的车辆，只适用 q_R 值。

开或变形时，才可能引起上述位移)。

2.8.11.2 挡圈裂缝。如为锁紧挡圈规定有楔形定位器，则不准许无此定位器。

车轮不应发生相对轮轴的位移。

从车轴和轮毂之间的空隙析出润滑油，并不能作为发生轮、轴相对位移的证据，须凭其他迹象确认是否发生该种位移。

3 转向架和扁弹簧

3.1 转向架和扁弹簧不准有下列不良情形：

3.1.1 转向架两侧旁承游间之和大于 6 mm 和小于 2 mm，而 1 520 mm轨距铁路装有 KB3 – ЦНИИ 转向架的车辆，此项游间应等于零。摇枕与转向架构架或与 KB3 – ЦНИИ 转向架构架挡板的游间小于 20 mm 和大于 100 mm。

3.1.2 旁承裂纹或折损。

3.1.3 上心盘或下心盘裂纹或折损。

3.1.4 扁弹簧吊、摇枕吊和固定液压减振器支架的各零件上和安全托上发生裂纹，以及加固不良。

3.1.5 轴箱导框和托板发生裂纹，以及加固不良。

3.1.6 扁弹簧片折损或裂纹，或圆弹簧折损。

叠板弹簧箍圈松弛或裂纹。

在 1 435 mm 轨距铁路上(中铁和朝铁除外)，任一扁弹簧片(主片除外)折损，如从吊挂弹簧中心算起折损长度小于该片的 1/4，或折损部分丢失。

主片的任何部分折损或裂纹。

3.1.7 转向架梁折损或有横裂纹。

3.1.8 无均衡梁转向架上，角铁支柱和轴箱上扁弹簧板有裂纹。

3.1.9 二轴转向架上轴箱导框和轴箱的游间，由距离轴箱导框底端 100 mm 处测量，不论前后左右，其和大于 8 mm。

3.1.10 在 1 435 mm 轨距的铁路上(中铁和朝铁除外)，吊挂弹簧一个弹簧片的移动量超过 10 mm。

4 轴箱和轴承

4.1 轴箱和轴承不准有下列不良情形：

4.1.1 轴箱裂纹。

4.1.2 轴箱滑槽耳折损。

4.1.3 燃轴。

轴箱热到不能用手背触碰的程度，算作燃轴。

4.1.4 轴箱下沉或倾斜致使轴箱摩擦车轴。

4.2 轴箱在任何位置下，轴箱滑槽都应遮盖着轴箱导框。

4.3 1 520 mm 轨距车辆运行中，燃轴检查信号装置不得缺少或不良。

5 缓 冲 装 置

5.1 车辆应装有弹性缓冲装置。

5.2 缓冲器中心距轨面的高度，在 1 520 mm 轨距铁路上（蒙铁除外）运行时，不得大于 1 115 mm 且不得小于 1 000 mm；在 1 435 mm 轨距铁路上运行时，不得大于 1 065 mm 且不得小于 980 mm。在旅客列车中编组运行的运送汽车的双层平车，缓冲器中心距轨面的高度，在最大荷载时应不小于 960 mm。

5.3 两缓冲器间（由一中心到另一中心）的距离，不得大于 1 760 mm且不得小于 1 740 mm。

对于限界为 1 - BM 的白、格、哈、吉、拉、立、摩、俄、塔、乌（兹）、乌（克）、爱各路车辆，该距离不得大于 1 790 mm 且不得小于 1 740 mm。

5.4 缓冲盘的直径不得小于 370 mm。

5.5 左侧缓冲盘（从线路中间观察车辆）应为外凸的，右侧缓冲盘为平整的。

在凸度的半径不小于 1 500 mm 的情况下，容许有两个外凸的缓冲盘。

5.6 缓冲装置不准有下列不良情形：

5.6.1 没有缓冲弹簧、弹簧压垫、螺母及支挡缓冲盘杆不致脱落的扁销或开口销。

5.6.2 缓冲弹簧套的腿或耳折损。

5.6.3 缓冲弹簧折损。

5.6.4 缓冲弹簧套有裂纹,长度超过弹簧套周长的1/4。

6 牵 引 装 置

6.1 车辆应装有弹性牵引装置和螺杆链钩。

6.2 车辆越过国境站在1 520 mm 轨距铁路(蒙铁除外)上运行时,应装有能双重连接的螺杆链钩。

6.3 牵引装置不准有下列不良情形:

6.3.1 链钩或紧钩器有横裂纹或折损。

6.3.2 链钩零件上缺少螺母、连接环、螺栓、销子和开口销。

6.3.3 车钩弯曲以致一钩上的紧钩器不能挂在他钩的头部,或车钩弯曲以致妨碍它在钩座中自由活动。

6.3.4 紧钩器螺杆、吊环或连接环弯曲以致不能正确拧紧车辆时。

6.4 螺杆链钩连接环同牵引钩接触点处的尺寸应为:

6.4.1 沿牵引力方向,不超过40 mm。

6.4.2 沿垂直于牵引力的方向,不超过36 mm。

6.5 抗断强度应为:

6.5.1 对于1949年7月1日以后制造的车辆:

螺杆链钩不小于85 t,螺杆牵引钩不小于100 t。

6.5.2 对于其余车辆:

整个链钩装置不小于65 t。

7 自动车钩装置

7.1 中铁和朝铁的车辆,自动车钩装置不准有下列不良情形:

7.1.1 自动车钩水平中心距轨面高度小于830 mm 或大于890 mm;

7.1.2 同一车辆前后两自动车钩水平中心高度之差超过25 mm,相互连接的两车辆车钩中心高度之差大于60 mm;

7.1.3 自动车钩钩舌同钩腕的内面距离,关闭位置大于130 mm 或全开位置大于245 mm;

7.1.4 自动车钩钩体、尾框或钩舌有裂纹;

7.1.5 没有固定自动车钩装置各零件的螺母或开口销。

7.2 1 520 mm 轨距铁路的车辆自动车钩装置不准有下列不良情形：

7.2.1 载有乘客的客车自动车钩水平中心距轨面高度小于 980 mm 及空客车自动车钩水平中心距轨面高度大于 1 080 mm。

7.2.2 防止自动车钩自行开钩的锁铁作用失灵。

7.2.3 自动车钩钩体、尾框有裂纹，自动车钩机械零件弯曲或折损，尾框扁销或圆销有裂纹或折损。

7.2.4 固定自动车钩装置各零件的螺母和开口销松弛或缺少。

7.2.5 车钩提杆链过短。

7.2.6 车钩提杆不能进入提杆座的槽内。

7.2.7 摩擦缓冲器完全失掉弹性。

7.3 如机车与第一辆车之间连接的自动车钩水平中心高度差超过 100 mm，相邻车辆之间连接的自动车钩水平中心高度差，当速度为 120 km/h时超过 70 mm，而当速度为 121 ~ 140 km/h 时超过 50 mm，这种车辆不允许在 1 520 mm 轨距铁路上开行。

7.4 经个别铁路之间商定后，可在客车规则协约参加路上运行装有自动车钩的成组车辆，每组两端车辆的一端应装有链钩和缓冲器。

8 制动装置

8.1 车辆应装有能和它行经各路所用其他类型自动制动装置协同工作的自动制动装置。

凡车辆构造规定的制动主管的所有折角塞门，均应装有制动风管接口。

8.2 所有车辆的折角塞门（中铁和朝铁的车辆除外）应有放气孔，以备在塞门关闭时将制动软管中的空气放出。

8.3 车辆制动主管接通时，折角塞门手把的位置应同制动主管中心线相平行；关闭时，折角塞门手把的位置应同制动主管中心线相垂直。

8.4 制动机关闭时截断塞门手把的位置：

8.4.1 在 1 520 mm 轨距铁路、中铁和朝铁的车辆上，应同制动支风管中心线相垂直；

8.4.2 在其他铁路的车辆上，应成水平位置；

8.4.3 快速作用阀和三通阀的手把位置成45°角。

8.5 制动主管应有紧急制动阀(车长阀),这项设备应设在车内明显和便于使用的处所。

靠近紧急制动阀处应设有该阀的使用规则说明牌。

紧急制动阀应加铅封。

8.6 车辆上不论有无自动制动装置,均应设手制动装置,这项装置,不管自动制动如何,可以单独使用。

手制动机的构造,应是按顺时针方向转动制动轴手把或手轮时,即能制动。

8.7 闸瓦托在构造上应保证能迅速更换磨损闸瓦。

8.8 制动拉杆传动装置的构造应保证能实行手动或自动调整。

8.9 制动拉杆和制动梁应备有安全吊以防因分离而脱落到线路上。

8.10 车辆端梁上应备有专用吊挂,以便悬挂不使用的(空闲的)连结软管。

8.11 制动装置不准有下列不良情形:

8.11.1 自动制动装置部件(三通阀、制动缸、折角塞门、副风缸等)不良,妨碍制动装置的动作。

8.11.2 制动拉杆的位置不正,摩擦车轴。

8.11.3 制动拉杆传动装置、防护装置、支柱、销子和吊挂不良,可能造成制动装置部件脱落到线路上。

8.11.4 所属路移交的车辆上的闸瓦,在最薄处测得的厚度小于20 mm。

8.11.5 闸瓦自踏面脱离到车轮外缘上。

8.11.6 带有圆盘制动机的车辆——制动机动作指示器不良。

8.12 经有关路间商定后,在国际联运中准许运用带有合成材料制成的非金属闸瓦的客车。

8.13 车辆交接时,如制动软管不良或缺失,应由交付路补装或更换。

8.14 如果车辆上另外装有压力主管,则其接头也应配有镜像对称式制动接头。

9　车体和车底架

9.1　车辆上应装有可放倒的搭板和车辆间通过台弹性胶棚或过道折棚(风挡),或装有保证旅客和服务人员由一车向另一车安全通行的防护设备。

9.2　通过台侧门和包房的门上应装有十分牢靠的门锁。此外,卧车和坐卧席合造车包房门上应装有特别装置,以防由过道方面完全开启包房门。客车上向外开启的侧门应装有双重自动锁。

9.3　所有门窗都应完全良好而且容易开启。

9.4　车顶不应有破损。

9.5　车体两端应在同一高度上各备有两个尾灯架和连结员用的两个把手。车辆应装有电气尾部信号灯。

在中铁和朝铁运行的车辆可不必有连结员用的把手和尾灯架。

9.6　侧梁、端梁、横梁、中梁以及弓棒不应有折损或横裂纹。

9.7　车体倾斜不得超过 50 mm。

9.8　未配属固定列车员的客车车门,应用具有角锥形洞孔的钥匙开启。锥底 9 mm×9 mm,内锥底 6 mm×6 mm,高 22 mm(客车规则附件 27)。

10　取暖装置和动力装置

10.1　各类车辆的取暖系统可为集中取暖或独立取暖。允许为车辆使用不带独立取暖装置的取暖系统。车辆应装设下列一种取暖系统:

10.1.1　电气取暖或空调系统。

10.1.2　电气和蒸汽取暖系统。

10.1.3　带有直通蒸汽主管和馈电干线的独立取暖系统。

10.1.4　蒸汽取暖系统。

10.2　在使用带有第 10.1.1 和 10.1.4 项取暖装置的车辆前,应在参加路间商定。

10.3　在 1 435 mm 轨距的铁路上运行的车辆,蒸汽取暖装置和馈电干线均应良好。

10.4　在中铁和朝铁运行的车辆应具有独立取暖装置。

10.5 在基本上采用电气取暖装置的1 435 mm轨距线路上运行时(这种线路、电压和电流种类一览表见客车规则附件12),所有车辆都应装有馈电干线,如这些车辆未装设独立取暖装置,则应有电气取暖装置或空调装置。

10.6 为了在不同电流和电压的线路上运行,车辆取暖装置上应装设有转接到相应电流和电压的自动转换开关。

10.7 电气取暖或空调准许采用规定的各种供电电流和电压(见第10.14项)。

10.8 凡取暖、空调、蒸汽主管、馈电干线不良的车辆,不应从所属路处接收。

10.9 取暖装置在整个取暖期间(从9月1日至6月15日)应良好适用。

具有独立取暖装置的1 520 mm轨距铁路(蒙铁除外)车辆成列编组在1 435 mm轨距的铁路上运行时,可以没有蒸汽主管和馈电干线。

上述没有蒸汽主管和馈电干线的车辆,经事先与有关铁路商定后,也可在1 435 mm轨距的铁路上单个或成组运行。

10.10 如交付路的车辆间暖气连结管破损或缺失,应由使用路在车辆运行时换成自路暖气连结管。该车辆和拆下的车辆间暖气连结管应附有客车规则附件8或8之1格式的标志。所属路应在自路车辆返回终点站后立即拆下他路车辆间暖气连结管(尽可能全套),附上寄送单免费和免税返还所属路。

10.11 车辆上可具备其他类型的电气或电子设备,如:

10.11.1 通风设备。

10.11.2 车门关闭和锁闭设备。

10.11.3 技术用水加热设备。

10.11.4 空调设备。

10.11.5 轨道电磁制动机。

10.11.6 防滑调节器。

10.12 车辆的供电用于:

10.12.1 电气取暖——通过馈电干线。

10.12.2 空调——通过馈电干线或轴发电机。

10.12.3　蒸汽取暖——通过蒸汽主管。

10.12.4　独立取暖——通过安装在车辆内的自用设备。

10.12.5　通过轴发电机或馈电干线供电的照明、蓄电池组充电的设备,以及其他电气和电子设备。

10.13　每一车辆应装有蓄电池组,在保证停车或馈电干线发生故障时,向电气和电子设备(取暖装置除外)供电。

10.14　准许采用的供电压和频率如下:

10.14.1　交流 1 000 V, $16\frac{2}{3}$ Hz;

10.14.2　交流 1 000 V,50 Hz;

10.14.3　交流 1 500 V,50 Hz;

10.14.4　交流 1 500 V;

10.14.5　交流 3 000 V。

11　照明和通风设备

11.1　车辆应装有电气照明设备和通风装置。配电盘应有配线图。

11.2　一切照明和通风设备都应良好。电气照明设备在途中发生故障不能修复时,在本次运程中可使用事故照明设备(蜡烛),直到车辆返还所属路为止。

由所属路交来的车辆,其电气照明和通风设备不良时不予接收。

如电能不敷返程使用时,应尽可能在折返站给蓄电池充电。

11.3　车辆上应备有备用灯泡和修理电气照明设备所必需的主要零件。

12　厕　　所

12.1　客车应有厕所,并有供盥洗池和冲便器用的储水箱。

12.2　厕所内一切设备都应完全良好。

13　标志和标记

13.1　车辆应有下列清楚的标志和标记:

13.1.1　确定车辆所属国铁路的标志(涂在车体侧板上),载于客车规则附件 13 和附件 14。

13.1.2 采用 12 位数字车辆代号的铁路,车号和车种应涂在车体侧板或侧架上。其他铁路可将车号和车种涂在左侧或中央。如发现车辆号码错误时,则车辆应贴附客车规则附件 8 格式的标志。

13.1.3 席位数(客车规则附件 15)——在合造车辆上应分别涂写一等和二等的席位数。

13.1.4 车辆自重以吨或公斤表示(客车规则附件 16),行李车还应标记载重量(客车规则附件 17)。

13.1.5 最后一次定期修理或定检的日期和地点按客车规则附件 18(图 1 和图 2)涂在车辆侧梁右侧;1 520 mm 轨距铁路车辆可涂在车体端板上。

13.1.6 自动制动装置的类型,按客车规则附件 19 和附件 20。

13.1.7 在限界与欧洲 1 435 mm 轨距限界相符的 1 520 mm 轨距铁路车辆上——ⓂⒸ标志;

在限界与 0 - BM 限界(客车规则图 1 之 6)相符的车辆上——ⓂⒸ - 0 标志(客车规则附件 21)。

在限界与 1 - BM 限界(客车规则图 1 之 6)相符的车辆上——ⓂⒸ - 1 标志(客车规则附件 22)。

13.1.8 车辆等级标记(1 520 mm 轨距铁路、中铁和朝铁的车辆除外)。

13.1.9 装有非金属闸瓦的车辆应按客车规则附件 23 在侧板中央涂写标志 K 。

13.1.10 对于外部端板上有车梯,其上部脚蹬距轨面高度大于 2 000 mm的车辆,应在车梯附近标以长度不小于 175 mm 的向下箭头。暗色衬底时箭头为黄色,浅色衬底时箭头为红色(客车规则附件 24)。

中铁车辆过轨到电气化铁路上运行时,才涂此标志。

13.1.11 转向架轴距涂在转向架侧架上,车辆轴距涂在车体侧板上(客车规则附件 25)。

13.1.12 如车辆装有变距轮对,则按客车规则附件 26 的规定将标志涂在转向架侧架上。

此外,车辆上也可有所属国铁路规定的其他标志和标记。

在侧梁被侧板遮住的全金属车辆上，按上述各项规定须涂在车底架侧梁上的标记，均应涂在侧板的相应位置上。

本条内关于车辆标记的位置和式样的规定，不适用于中、朝两路。

13.2 在车体外面或在车体内部从外部可见的位置，应有可摘下的车辆运行方向牌(经路牌)。

每一通过台入口处应尽可能有车辆运行方向牌。

13.3 在车内适当处所应有说明厕所、紧急制动阀、暖气设备使用规则的标记，包房和席位的标示等。

上述各项标记应用车辆所属国文字书写并译成俄文。

方向牌(经路牌)应用俄文和拉丁文书写。

车辆在中铁和朝铁运行时，标记和车辆方向牌还应译成中文。

13.4 车辆外部应有《国际旅客联运直通客车运行经路汇编》中规定的顺位号码。

车内应尽可能在方向牌上注明车辆顺号。

14 车辆的定期修理和检查

所属路不得将已超过定期修理或检查期限的车辆移交给他国铁路。

客车的定期修理或检查期限：对于在时速不超过 120 km 的列车内挂运的车辆，规定为不超过 24 个月；对于运行时速为 120 km ~ 160 km 的列车内挂运的车辆，规定为不超过 18 个月。

随旅客列车挂运的货车，适用客车规则附件 1 之 1 的规定期限。

在换轮地点使用的转向架的定期修理或检查，按照为车辆规定的同样期限进行。转向架的侧架上要涂写定期修理或检查的地点和日期。

修理或检查期限已过的转向架，不得运用。

附件 1 之 1

货车的定期修理和检查

1.1 所属路和私有车辆配属路不得将已超过定期修理或定期检查期限的车辆移交给他国铁路。

1.1.1 1 435 mm 轨距的欧洲类型车辆的定期修理期限按“时间”和“走行公里”两个标准确定：

1.1.1.1 按“走行公里”标准，车辆的定期修理期限根据铁盟 579－1备忘录确定，但不得少于第 1.1.1.2 项的期限。

1.1.1.2 按“时间”标准，车辆的定期修理期限根据铁盟 579－1 备忘录确定：

有 S 标记的：

——在符合下列条件的情况下，经过 6 年：

有 KE、Bd、Ch、O、WE、DK、WU 或 WA 型三通阀；

有制动杠杆传动自动调整器；

有独立轴的车辆用的双重弹簧吊挂装置；

有叠板弹簧和长吊挂装置的转向架；

有盘簧及铁盟减振器的转向架；

有符合铁盟 526 备忘录的缓冲器。

——如不符合上述条件，经过 4 年。

有 SS 标记的：

——如定期修理期限超过 3 年，所属路应进行中间检查。如车辆状态良好，所属路有权进行中间抽检。

1.1.1.3 所属路可规定较短的修理期限。修理周期应在客车规则附件 18 规定的“REV”标记前以相应的数字表示。

准许所属路和私有车辆配属路将车辆定期修理或检查的期限延长 3 个月，但车辆必须符合本附件的要求。在这种情况下，应在车辆定期修理或检查期限 3 个月延期期满前，以重车或空车状态将车辆返还所属路。否则，只有经所属路许可，才能将这些车辆返还。

在换轮地点安装用的转向架的定期修理和检查，按照为车辆规定的同样期限进行。

转向架的侧架上须涂写定期修理或检查的地点和日期的标记。

禁止运用定期修理或检查期限已过的转向架。

附件 2(第 4 条)

将不良车辆移交给所属路修理的交接记录

记录第________ 号

20 ____年____ 月____ 日

将不良____客车移交给

所属路____进行修理

兹经由______铁路_________ 站移交不良客车,车号__________

铁路简称______________________车种______________________

客车技术状态____

____

____

交付方：　　　　　　　　　　接收方：

交付路人员________(签字)　　　　接收路人员________(签字)

交付路戳记　　　　　　　　　　接收路戳记

注：车辆有 12 位数字代号,则车号和铁路简称用 12 位数字代号代替。

附件3(第4条)

车 辆 交 接 单

地点	作业	月	规定日期	数量

(自动统计中心填记)

第……号

车 辆 交 接 单

车辆在………… 车站随第…………次列车由…………铁路交付…………铁路

20　　年　　月　　日

顺号	铁路简称		车　号	车辆种别		轴　数	重车或空　车	到达站	备　注
	名称	代码[1]		名称	代码[1]				
1									
2									
3									
4									
5									
6									
7									
8									
9									
10									
(以此类推至60)									

共计…………辆客车

车辆交接单已于……时……分交付接收人员

交付铁路人员………(签字)接收铁路人员已于……时……分接收……(签字)

交付路戳记　　　　　　　　　　接收路戳记

1)由自动统计中心填记。

附件4(第9.2项)

用 煤 请 领 单

……………………铁路

用 煤 请 领 单

第……号

第……号　　　　　　用煤 卧　车[1] / 餐　车[1]

请发给煤…………公斤

卧车列车员[1]

签字…………

餐 车 主 任[1]　　(姓名)

20……年……月……日

……………………铁路……………………供给

(仓库名称)

发出煤……………公斤……………

(数量大写)

管库员签字……………(姓名)

20……年……月……日

燃料仓库戳记

收到煤……………公斤……………

(数量大写)

卧车列车员[1]

签字…………

餐 车 主 任[1]　　(姓名)

车辆所属路戳记

1)不用的划去。

附件 5(第 12 条)

修理车辆备用零件索取和返还单位地址、电话号码及传真一览表

顺号	国家名称和铁路名称	铁路代码	通信地址	电报挂号	电话、传真及 e-mail
1	2	3	4	5	6
1	白俄罗斯共和国 白铁	0021	白俄罗斯共和国,220030 明斯克,列宁街 17 号 白俄罗斯铁路局车辆处 注:返还破损零件:白俄罗斯共和国,224012,布列斯特车辆段	RB,Minsk BTC, W	传真: +(375-17) 225-43-54
2	格鲁吉亚 格铁	0028	格鲁吉亚铁路有限责任公司车辆处 380012,第比利斯,塔马拉皇后大街 15 号 注:返还破损零件:提供配件的修理工厂地址	GR-Tbilisi	传真: +(995-32) 56-46-30
3	哈萨克斯坦 共和国 哈铁	0027	010000,哈萨克斯坦共和国,阿斯塔纳,伊马诺瓦 11 号客运公司	KZH Astana	电话: +(7-3172) 93-27-20 传真: +(7-3172) 942711
4	中华人民共和国 中铁	0033	各国境铁路局车辆处	各国境铁路局车辆处	传真: +(86-10) 639-810-65
5	朝鲜民主主义人民共和国 朝铁	0030	各国境站	各国境站	电话: 850-2-18111-3818223 传真: 850-2-3814527 e-mail: greenlam@co.chesin.com
6	吉尔吉斯共和国 吉铁	0059	吉尔吉斯共和国,比什凯克,列夫·托尔斯泰街 83 号 吉尔吉斯斯坦铁路局车辆公司	KR,Bichkek KRG	传真: +(996-31-2) 65-06-90

续上表

顺号	国家名称和铁路名称	铁路代码	通信地址	电报挂号	电话、传真及 e - mail
1	2	3	4	5	6
7	拉脱维亚共和国 拉铁	0025	国际旅客运输公司 Turgeneva RigaLV - 1547, Latvija	LDZ Riga	传真: +(371) 723 -46 -35 e - mail: vasilijs. hristins@ ldz. lv
8	立陶宛共和国 立铁	0024	Lietuvos Respublika LT - 02111 Pelesos g. 10, AB " Lietuvos gelezinkeliai " Kroviniu rezimo valdyba	Vilnius, LG	电话: +(370 -5) 269 -20 -54 传真: +(370)5 -269 -39 -44 e - mail: passenger@ litrail. lt
9	摩尔多瓦共和国 摩铁	0023	摩尔多瓦铁路国家企业车辆处 摩尔多瓦,基希讷乌,弗拉伊库·佩尔凯拉勃街 48 号 MD2012	Chisneu CFM	电话: +(37322) 83 -45 -17 传真: +(37322) 83 -46 -66 e - mail: vtp@ railway. md
10	蒙古 蒙铁	0031	乌兰巴托,汉城街,乌兰巴托铁路局运输处	Ulan - BaT OR 376 信箱 UBJD	传真: +(976) 21 -944115
11	波兰共和国 波铁	0051	"PKP Intercity" spółka z o. o. Bjuro Taboru Ul. Chłopickiego 53, 04 -275 Warszawa "PKP Przewozy Regionalne" spółka z o. o. Wydział Utrzymania Wagonów ul. Wileńska 14, 03 -414 Warszawa		传真: +(48 -22) 473 -10 -89 e - mail: bwt3b@ intercity. pl 传真: +(48 -22) 473 -39 -84 e - mail: pbu2@ pr. pkp. pl
12	俄罗斯联邦 俄铁	0020	107174,莫斯科, 新巴斯曼纳亚街 2 号, "俄罗斯铁路"股份公司旅客运输部	RJD Moskwa	传真: +(7 -495) 262 -18 -38 e - mail: civ@ css - rzd. ru
13	塔吉克斯坦共和国 塔铁	0066	杜尚别,纳扎尔绍耶夫街 35 号, 塔吉克斯坦铁路国家单一制企业车辆处	734012 Duchambe Nazarshoewa 35, TDJ	传真: +(992 -37) 221 -88 -54

续上表

顺号	国家名称和铁路名称	铁路代码	通信地址	电报挂号	电话、传真及 e－mail
1	2	3	4	5	6
14	乌兹别克斯坦共和国 乌(兹)铁	0029	ВЧД－1 塔什干货运站 塔什干,100005, 发尔戈奈乌利 13 号	Tachkent GAJK UTI, W	传真: ＋(998－71)136－47－09 传真: ＋(988－71)136－43－29
15	乌克兰 乌(克)铁	0022	乌克兰国家铁路管理总局 乌(克)铁客运总局 乌克兰,03680,基辅－150, 特韦尔斯基街 5 号,利沃夫铁路分局车辆处, 利沃夫市,79000,果戈里街	国境站,抄送利沃夫利沃夫铁路局《B》乌(克)铁,基辅 ЦB	传真: ＋(380322) 26－42－22 电话: ＋(380322) 26－45－65 传真: ＋(38044) 465－03－37 电话: ＋(38044) 465－03－00
16	爱沙尼亚共和国 爱铁	0026	10133,爱沙尼亚,塔林, AO Go Rail Ул. Тооппуйестее,37	EVR Tallinn	传真: ＋(372) 615－77－49

附件5之1(第6条)

各铁路电报和传真号码一览表

顺号	铁路简称	铁路代码	电报挂号	传真号
1	2	3	4	5
1	白铁 БЧ	0021	BTC MINSK	+(375-17)227-56-48
2	保铁 ВДЖ	0052	Bulfer-Sofia	+(359-2)987-71-51
3	匈铁 MAB MAV Cargo	0055 (2155)		+(361) 512-7790 +(361) 512-7797
4	格铁 ГР	0028	GR-Tbilisi	+(995-32)95-25-27
5	哈铁 КЗХ	0027	KZH-ASTANA	+(7-3172)32-85-48
6	中铁 КЖД	0033	各国境站	+(86-10)639-810-65
7	朝铁 ЗЧ	0030	各国境站	+(850-2)381-45-27
8	吉铁 КРГ	0059	Bichkek KRG	+(996-31)224-56-11
9	拉铁 ЛДЗ	0025	LDZ Riga	+(371)672-343-27
10	立铁 ЛГ	0024	LG Vilnius	+(370- 5) 269- 21- 28
11	摩铁 ЧФМ	0023	Chisinau CFM	+(373)222-13-80
12	蒙铁 МТЗ	0031	376 信箱 ULA-NBATOR 乌兰巴托铁路局	+(976-11)32-73-19
13	波铁 ПКП	0051	Polfer 861-651-PKP P1	+(48-22)524-90-20 +(48-84)638-52-36
14	俄铁 РЖД	0020	RJD,MPSRF-Moskwa	+(7-095)975-24-11
15	罗铁 ЧФР	0053	CFR-Bucuresti	+(4021)312-47-00
16	斯(股)铁 ЗССК	0056	Zelsov-Bratislava	+(4212)5296-22-96
17	塔铁 ТДЖ	0066	杜尚别,塔吉克斯坦铁路局 纳扎绍耶娃街35号	+(992-37)221-83-34
18	乌(兹)铁 УТИ	0029	TACHKENT GAJK UZBK	+(998-71)133-69-24 +(998-71) 138-80-07
19	乌(克)铁 УЗ	0022	乌(克)铁,Kiev	+(380-44)465-00-39
20	爱铁 ЭВР	0026	Tallinn,EVR	+(372)615-87-10

附件5之2(第1条)

各铁路中央机关、车辆中央机关和中央清算机关地址、电话号码、传真号码和电传号码一览表

顺号	国家名称和铁路名称	铁路代码	铁路中央机关	车辆中央机关	中央清算机关
1	2	3	4	5	6
1	白俄罗斯共和国(白铁)	0021	220030,明斯克,列宁大街17号,白俄罗斯铁路局 电话: 375-172-254860 传真: 375-172-275648 e-mail: ns@rw. by	220030,明斯克, 列宁大街17号,车辆处 电话/传真: +(375-17)225-43-54	220039,明斯克, 布列斯特-立陶宛大街9号,"白铁清算"国家企业 电话: +(375-17)2259022 传真: +(375-17)2259030
2	格鲁吉亚(格铁)	0028	380012,第比利斯,塔马拉皇后大街15号,"格鲁吉亚铁路"有限责任公司 电话: +(995-32)950225 传真: +(995-32)952527 e-mail: ivc@railway. ge	380012,第比利斯, 塔马拉皇后大街15号,格鲁吉亚铁路有限责任公司车辆处 传真: +(995-32)56-46-30	380012,第比利斯, 塔马拉皇后大街15号,格鲁吉亚铁路有限责任公司财务处 电话: +(99532)994643 传真: +(99532)952527
3	哈萨克斯坦共和国(哈铁)	0027	010000,阿斯塔纳,胜利大街98号,"哈萨克斯坦铁路"国有股份公司 电话: +(7-3172)9344-00 传真: +(7-3172)32-85-48 e-mail: temirzhol@railways. kz	010011,阿斯塔纳, 阿克扎伊厄克23号,《A》 客运公司 电话: +(7-7172)942711 传真: +(7-7172)932720	010000,阿斯塔纳, 胜利大街98号, "哈萨克斯坦铁路"国有股份公司财务部国际清算处 电话: +(73172)935546 传真: +(73172)934311 e-mail: Shaimerdinova@railways. kz
4	中华人民共和国(中铁)	0033	100844,北京,复兴路10号,铁道部 电话: +(86-10)639-810-65 传真: +(86-10)639-810-65 e-mail: transport@ns	100844,北京,复兴路10号,铁道部国际合作司 电传: 224 83 пирфан ЦН 电话: +(86-10)51842875 传真: +(86-10)63981065	100844,北京,复兴路10号,铁道部国际联运清算中心 传真: +(86-10)518-474-41

续上表

顺号	国家名称和铁路名称	铁路代码	铁路中央机关	车辆中央机关	中央清算机关
1	2	3	4	5	6
5	朝鲜民主主义人民共和国（朝铁）	0030	平壤，中区域大街东安洞，朝鲜民主主义人民共和国铁道省 电话： ＋（850 －2）18111 －3818223 传真： ＋（850 －2） 381 －45 －27 e －mail： greenlam@ co. chesin. com	平壤，中区域大街东安洞，朝鲜民主主义人民共和国铁道省车辆局	平壤，中区域大街东安洞，朝鲜民主主义人民共和国铁道省国际联运清算所 电话： 850 －2 －18111 －3818223 传真： ＋（850 －2） 381 －45 －27
6	吉尔吉斯共和国（吉铁）	0059	720079，比什凯克，列夫·托尔斯泰街 83 号，吉尔吉斯斯坦铁路局车辆业务分部 电话： ＋（996 －31 －2）65 －69 －32 传真： ＋（996 －31 －2）65 －06 －90 e －mail： asoup@ imfiko. dishkek. su	吉尔吉斯斯坦铁路局，车辆业务分部 电话： ＋（996 －31 －2）648257 ＋（996 －31 －2）656931	720079 比什凯克，列夫·托尔斯泰街 83 号，财务部 电话： ＋（996 －31 －2） 64 －83 －09
7	拉脱维亚共和国（拉铁）	0025	LV －1547，里加，果戈里街 3 号，“拉脱维亚铁路”国家股份公司 电话： ＋（371） 723 －44 －49 传真： ＋（371） 723 －43 －27 e －mail： info@ ldz. lv	LV －1547，里加，图尔格涅瓦街 14 号，国际客运公司 电话： ＋（371） 723 －43 －95 传真： ＋（371） 723 －46 －35 e －mail： zoja. malikova@ ldz. lv 电话： ＋（371） 723 －42 －08 传真： ＋（371） 723 －42 －14 e －mail： vasilijs. hristins@ ldz. lv	LV －1547，里加，果戈里街 3 号，“拉脱维亚铁路”国家股份公司运输清算局 电话： ＋（371） 672 －348 －40 传真： ＋（371） 678 －202 －31 e －mail： kuprijan@ ldz. lv

续上表

顺号	国家名称和铁路名称	铁路代码	铁路中央机关	车辆中央机关	中央清算机关
1	2	3	4	5	6
8	立陶宛共和国（立铁）	0024	Lietuvos Respublika LT －03603, Vilnius, Mindaugo, 12/14 AB "Lietuvos geležinkeliai" 电话： +(370－5) 269－20－38 传真： +(370－5) 269－21－28 e－mail： lgkanc@ litrail. lt	Lietuvos Respublika LT －02111 Vilnius, Pelesos g. 10 AB "Lietuvos geležinkeliai" Keleiviμ vežimo direkcijaVagonμ skyrius 电话： +(370－5) 269－20－54 传真： +(370－5) 269－39－44 e－mail： passenger@ litrail. lt	Lietuvos RespublikaLT －03603, Vilnius, Mindaugo, 12/14. AB "Lietuvos geležinkeliai" Pajamμ ir tarptautiniμ atsiskaitymμ skyrius 电话： +(370－5) 269－31－91 e－mail： inter_abr@ litrail. lt Kroviniμ vežimo direkcija Pajamμ apskaitos ir atsiskaitymμ centras 电话： +(370－5) 269－32－23 电话： +(370－5) 269－24－19 传真： +(370－5) 269－29－48 e－mail： i. kuzborskiene@ litrail. lt e－mail： grazina. b@ litrail. lt
9	摩尔多瓦共和国（摩铁）	0023	MD－2012，基什尼奥夫，弗拉伊库·佩尔凯拉勒街48号 摩尔多瓦铁路局 电话/传真： +(373 22) 21－30－80	MD－2012，基什尼奥夫，弗拉伊库·佩尔凯拉勒街48号，车辆处 电话： +(37322)834517 传真： +(37322)213042	财务经济处国际清算科 电话： +(37322)834404 电话/传真： +(373 22) 22－63－00 e－mail： val@ railway. md
10	蒙古（蒙铁）	0031	乌兰巴托铁路局 电话： +(976)21244409 传真： +(976)11328360 e－mail： noms@ mtz. mn	乌兰巴托铁路局车辆处 电话/传真： +(976) 21－24－43－70 e－mail： vag. depart@ mtz. mn	乌兰巴托铁路局财务处 电话： +(976)21244460 传真： +(976)11328360

续上表

顺号	国家名称和铁路名称	铁路代码	铁路中央机关	车辆中央机关	中央清算机关
1	2	3	4	5	6
11	波兰共和国（波铁）	0051	PKP S. A Centrala, ul. Szczęśliwicka 62, 00－973, Warszawa 电话： ＋(48－22) 474－91－81 传真： ＋(48－22) 474－91－82 e－mail： kzr@ pkp. pl	"PKP Intercity" spółka z o. o. Biuro Taboru Ul. Chłopickiego 53, 04－275 Warszawa 电话： ＋(48－22) 473－12－76 ＋(48－22) 473－11－82 传真： ＋(48－22) 473－43－32 e－mail： bwt@ intercity. pl "PKP Przewozy Regionalne" spółka z o. o. Biuro Utrzymania Taboruul. Kolejowa 5, 60－715 Poznań, 电话： ＋(48－61) 633－13－05 ＋(48－61) 633－14－40 传真： ＋(48－61) 633－15－51 e－mail： pbu@ pr. pkp. pl	PKP CARGO S. A. Centralne Biuro Rozrachunków ul. Dworcowa 63, 85－009 Bydgoszcz 电话： ＋(48－52) 518－53－06 传真： ＋(48－52) 322－96－40 e－mail： a. meder@ pkp－cargo. pl
12	俄罗斯联邦（俄铁）	0020	107174，莫斯科，新巴斯曼纳亚街2号，"俄罗斯铁路"股份公司 电传机： 111055IURT RU， 电话： ＋(7－495) 262－16－28， 传真： ＋(7－495) 975－24－11， 电报：莫斯科，俄铁 e－mail： civ@ css－rzd. ru	107174，莫斯科，新巴斯曼纳亚街2号，俄（股）铁客运部 电话： ＋(7－495) 262－79－79 传真： ＋(7－495) 262－76－82 e－mail： civ@ css－rzd. ru	107078，莫斯科，新巴斯曼纳亚街，14/2栋，国际运输"铁路清算"中心 传真： ＋(7－495)262－85－93
13	塔吉克斯坦共和国（塔铁）	0066	杜尚别，纳扎尔绍耶夫街35号，塔吉克斯坦铁路国家单一制企业 电话： ＋(737－72) 221－88－54 传真： ＋(737－72) 221－83－34 e－mail： belugin@ railway. td. silk. glas. apc. org	杜尚别，纳扎尔绍耶夫街35号，车辆处 电话： ＋(737－72) 227－37－90	杜尚别，纳扎尔绍耶夫街35号，财务处 电话： ＋(737－72) 221－42－33 传真： ＋(737－72) 221－28－33

续上表

顺号	国家名称和铁路名称	铁路代码	铁路中央机关	车辆中央机关	中央清算机关
1	2	3	4	5	6
14	乌兹别克斯坦共和国（乌［兹］铁）	0029	700060，塔什干，舍夫钦科街 7 号，“乌兹别克斯坦铁路”国家铁路股份公司 电话： +(998-71) 138-80-07 传真： +(998-71) 133-69-24 e-mail： uzrailway@uzpak.uz	700060，塔什干，舍夫钦科街 7 号，车辆处 电话： +(998-71) 138-85-16	100060，塔什干，舍夫钦科街 7 号，“铁路清算”中心国际清算协约部 电话： +(998-71) 138-83-21 传真： +(998-71) 132-02-16
15	乌克兰（乌［克］铁）	0022	03680，乌克兰，基辅-150，特维尔斯基大街 5 号，乌克兰国家铁路管理总局 电话： +(380-44) 465-00-00， 传真： +(380-44) 465-00-39， 路电：5-00-10 e-mail： ci@uz.gov.ua	03680，乌克兰，基辅-150，特维尔斯基大街 5 号，乌克兰国家铁路管理总局客运总局 电话： +(380-44) 465-03-24， 传真： +(380-44) 465-03-37	03049，乌克兰，基辅，乌曼斯基大街 5 号，“乌克兰国家国际运输清算中心” 电话： +(380-44) 465-11-00， 传真： +(380-44) 244-09-33 e-mail： rcp@lotus.uz.gov.ua
16	爱沙尼亚共和国（爱铁）	0026	10133，爱沙尼亚，塔林，托奥姆普伊耶斯捷耶街 37 号，AO“Go Rail” 电话： +(372) 615-00-37， 传真： +(372) 631-00-01 e-mail： gorail@gorail.ee	10133，爱沙尼亚，塔林，托奥姆普伊耶斯捷耶街 37 号，AO“Go Rail” 电话： +(372) 615-00-37， 传真： +(372) 631-00-01	10133，爱沙尼亚，塔林，托奥姆普伊耶斯捷耶街 37 号，AO“Go Rail” 电话： +(372) 615-00-37， 传真： +(372) 631-00-01

附件6(第4条)

车站拒收客车记录

顺号	铁路简称	车号	车种	车辆到达时间		商定的车辆返还时间		不接收车辆的原因	备注
				日期	时刻	日期	时刻		
1									
2									
3									
4									
5									
6									
7									
8									
9									
10									
……									

交付路人员 戳 记　　　　接收路人员 戳 记

注:1. 一式两份。

2. 如车辆有12位代号,则车号、铁路简称和车种用12位数字代号代替。

附件 7(第 10 条)

车辆内部设备和备品交接记录

……车辆内部设备和备品交接记录

20……年……月……日　　　　……铁路……站

编制本记录为由……铁路移交给……铁路

车号……车种……轴数……,其中 有/缺少*/无* 以下内部设备和备品:

顺号	车辆内部设备和备品名称	单　位	数　量	价格(瑞士法郎)	备　注

交付人员　　　　　　　　接收人员

交付路戳记　　　　　　　　接收路戳记

---

* 不需要的划销。

附件 8(第 4 条,客车规则附件 1)

不良车辆标志格式

<table>
<tr><td>............(铁路简称)</td><td>附件 8</td></tr>
<tr><td>车辆 | | | | | | | | | | | | |
返回配属路检查</td><td>M 格式</td></tr>
<tr><td colspan="2">不良零件(需要的划线):</td></tr>
<tr><td>1. 轮对
2. 轴箱
3. 制动机
4. 车底架/转向架构架
5. 吊挂弹簧/弹簧吊
6. 牵引装置
7. 缓冲装置
8. 车体
9. 车顶
10. 车门
11. 车辆自重标记不正确
12. 车辆脱轨
13. 检查期限已满
14. 使用了不合适的备用零件
15. 车窗</td><td>16. 取暖设备
—空调装置
17. 照明设备
18. 车辆内部空间
19. 厕所/盥洗室设备
20. 车辆间通道
21. 标记/象形图</td></tr>
<tr><td colspan="2">详细说明..
....
....
....

(沿线基层单位戳记)　　　　(日期戳)　　　　(签字)</td></tr>
</table>

(大致尺寸 148 mm×210 mm)

附件 8 之 1(蓝色)(第 4 条,客车规则附件 1)

不良车辆标志格式

<table>
<tr><td>............(铁路简称)</td><td>附件 8 之 1</td></tr>
<tr><td colspan="2">K 格式
车辆 [| | | | | | | | | | |]
返回配属路</td></tr>
<tr><td colspan="2">不良零件(需要的划线):</td></tr>
<tr><td>1. 轮对
2. 轴箱
3. 制动机
4. 车底架/转向架构架
5. 吊挂弹簧/弹簧吊
6. 牵引装置
7. 缓冲装置或自动车钩
8. 车体
9. 车顶
10. 车门
11. 车辆脱轨
12. 检查期限已满
13. 车窗
14. 取暖设备
—空调装置
15. 照明设备</td><td>16. 车辆内部设备
17. 厕所/盥洗室设备
18. 车辆间的通道
19. 标记/象形图</td></tr>
<tr><td colspan="2">详细说明..
....
....
....

(沿线基层单位戳记)　　　(日期戳)　　　(签字)</td></tr>
</table>

(大致尺寸 148 mm×210 mm)

附件 8 之 2(蓝色或红色)(第 4 条,客车规则附件 1)

不良车辆标志格式

............(铁路简称)　　　　　　　　　　　　附件 8 之 2

L 格式

车辆 | | | | | | | | | | | | |

严重损坏,空车返回配属路

装入车辆 1) | | | | | | | | | | | | |

(沿线基层单位戳记)　　　　(日期戳)　　　　(签字)

1)该资料在蓝色 L 表中不标明

(大致尺寸 148 mm×210 mm)

附件 9(第 12 条)

国际联运客车修理单价表

顺号	作业名称	价格(瑞士法郎) 白、格、哈、吉、拉、立、摩、俄、塔、乌(兹)、乌(克)、爱与保、匈、波、罗、斯(股)各路车辆	价格(瑞士法郎) 白、格、哈、吉、拉、立、摩、俄、塔、乌(兹)、乌(克)、爱与中、朝、蒙各路车辆
1	2	3	4
	1. 走行部分		
1.1	修理轮对并旋修踏面	40.00	35.00
1.2	更换整体滚柱轴承轴箱	187.00	—
1.3	更换滚柱轴承轮对	3 968.00	—
1.4	更换叠板弹簧	100.00	—
	2. 车辆链钩		
2.1	更换整套链钩(不带圆弹簧和紧钩器)	134.00	63.00
2.2	更换带双箍的贯通钩牵引杆	63.00	21.00
2.3	更换牵引钩	52.00	—
2.4	更换整套链钩弹簧		
	重量不超过 25 kg	50.00	—
	重量超过 25 kg	68.00	—
2.5	更换链钩弹簧	22.00	22.00
	3. 螺旋钩		
3.1	更换整套螺杆链钩	152.00	71.00
3.2	更换螺杆链钩连接环	31.00	10.00
3.3	更换螺杆链钩吊环	22.00	8.00
3.4	更换紧钩器螺杆	64.00	23.00
	4. 缓冲装置		
4.1	更换整套圆筒缓冲器	527.00	278.00
4.2	更换带橡胶减振器的 35 t 整套缓冲器	120.00	—
4.3	堵焊缓冲套	14.00	5.00

续上表

顺号	作业名称	价格(瑞士法郎)	
		白、格、哈、吉、拉、立、摩、俄、塔、乌(兹)、乌(克)、爱与保、匈、波、罗、斯(股)各路车辆	白、格、哈、吉、拉、立、摩、俄、塔、乌(兹)、乌(克)、爱与中、朝、蒙各路车辆
1	2	3	4
	5. 自动车钩装置		
5.1	更换整套自动车钩	300.00	599.00
5.2	更换摩擦缓冲器	150.00	70.00
5.3	更换自动车钩钩头	105.00	105.00
5.4	更换自动车钩冲击座	36.00	—
5.5	更换自动车钩提钩杆	14.00	—
	6. 车底架		
6.1	修理缓冲梁	40.00	25.00
6.2	修理中梁或侧梁	30.00	30.00
6.3	更换缓冲梁	230.00	126.00
6.4	更换横梁	125.00	70.00
6.5	修理横梁或对角梁	28.00	20.00
6.6	更换底架支架横梁	25.00	6.00
6.7	更换侧梁	652.00	—
6.8	修理侧梁	54.00	—
6.9	修理中梁	152.00	—
6.10	修理横梁	45.00	—
6.11	更换缓冲梁斜撑	82.00	—
6.12	修理缓冲梁斜撑	31.00	—
6.13	更换车辆上心盘	125.00	—
	7. 转向架		
7.1	修理转向架构架	43.00	—
7.2	更换摇枕大圆枕簧	65.00	—
7.3	更换摇枕小圆枕簧	60.00	—
7.4	更换转向架枕簧吊	42.00	—

续上表

顺号	作业名称	价格(瑞士法郎)	
		白、格、哈、吉、拉、立、摩、俄、塔、乌(兹)、乌(克)、爱与保、匈、波、罗、斯(股)各路车辆	白、格、哈、吉、拉、立、摩、俄、塔、乌(兹)、乌(克)、爱与中、朝、蒙各路车辆
1	2	3	4
7.5	更换发电机的传动离合器	445.00	—
7.6	更换万向轴	75.00	—
7.7	更换转向架摇枕上的大液压减振器	112.00	—
7.8	更换轮对上的小液压减震器	75.00	—
7.9	更换枕梁	243.00	243.00
7.10	更换转向架的外弹簧和内弹簧(整套)	62.00	15.00
7.11	更换 Y25 型转向架旁承弹簧	17.00	—
7.12	更换 Y25 型转向架内卷簧	28.00	—
	8. 制动装置		
8.1	更换制动缸前后盖	67.00	15.00
8.2	更换制动缸活塞	74.00	36.00
8.3	更换不超过 12 英寸的整套制动缸	141.00	—
8.4	更换超过 12 英寸的整套制动缸	300.00	—
8.5	更换三通阀(“马特洛索夫”式):客车用	1000.00	128.00
8.6	更换符合铁组、铁盟条件的整套三通阀(奥耶尔李广式、克诺尔式、达哥式等):客车用	1200.00	—
8.7	更换截断塞门	28.00	—
8.8	更换缓解阀	20.00	7.00
8.9	更换制动重量指示器或制动方式转换开关	56.00	—
8.10	更换折角塞门	40.00	14.00
8.11	更换整套制动软管	25.00	16.00
8.12	更换防滑装置	171.00	—
8.13	更换制动主管(每米)	8.00	14.00
8.14	更换储风缸	86.00	—
8.15	更换制动杠杆传动装置调整器	190.00	—

续上表

顺号	作业名称	价格(瑞士法郎)	
		白、格、哈、吉、拉、立、摩、俄、塔、乌(兹)、乌(克)、爱与保、匈、波、罗、斯(股)各路车辆	白、格、哈、吉、拉、立、摩、俄、塔、乌(兹)、乌(克)、爱与中、朝、蒙各路车辆
1	2	3	4
8.16	更换复动制动杠杆传动装置调整器	148.00	—
8.17	更换整套手制动机	47.00	47.00
8.18	更换手制动机扳手	12.00	8.00
8.19	更换手制动机手轮	21.00	21.00
8.20	更换手制动机外罩	27.00	27.00
8.21	更换带闸瓦托和闸瓦托销子的整套闸瓦	25.00	19.00
8.22	更换闸瓦托吊	18.00	14.00
8.23	更换客车制动梁	90.00	90.00
8.24	更换制动拉杆的导向杆	30.00	—
8.25	更换长制动拉杆	27.00	—
8.26	更换短制动拉杆	17.00	—
	9. 客车车内设备		
9.1	更换车窗玻璃	43.00	25.00
9.2	更换包房门玻璃	25.00	—
9.3	更换小窗玻璃	6.00	6.00
9.4	更换镜子(每平方米)	50.00	25.00
9.5	更换沙发复面(每平方米)	34.00	30.00
9.6	更换车辆之间汽暖用金属连接管	138.00	—
9.7	更换蒸汽取暖阀(整套)	56.00	—
9.8	更换电暖连接管(整套)	400.00	—
9.9	更换便池(整套)	80.00	51.00
9.10	更换盥洗池	50.00	41.00
9.11	更换灭火器	70.00	—

续上表

顺号	作业名称	价格（瑞士法郎） 白、格、哈、吉、拉、立、摩、俄、塔、乌（兹）、乌（克）、爱与保、匈、波、罗、斯（股）各路车辆	价格（瑞士法郎） 白、格、哈、吉、拉、立、摩、俄、塔、乌（兹）、乌（克）、爱与中、朝、蒙各路车辆
1	2	3	4
9.12	更换车辆之间通道（风挡）用胶皮辊	104.00	—
9.13	更换通过台	78.00	—
9.14	更换包房内的小桌	16.00	—
9.15	更换荧光灯外罩	18.00	—
9.16	更换通风窗	20.00	—
9.17	更换扩音器	21.00	—
9.18	更换暖气主管（每米）	8.00	—
9.19	更换座位的肘靠	8.00	—

注：未列入本单价表内的车辆零部件修理和更换价格按成本计算。

附件9之1(第13条)

客车价格表

一、波与白、拉、立、摩、蒙、俄、乌(克)、爱各路间适用的客车价格表

顺号	名　　称	价格(瑞士法郎)
1	一等客车(A)	675 000
2	二等客车(A)	600 000
3	一/二等客车(AB)	635 000
4	带行车间的一等、二等和一、二等客车	525 000
5	带小卖部和饮食部的2等客车	585 000
6	坐卧车(BC)	652 500
7	卧车(BЛ)	900 000
8	餐车	750 000
9	行李车(Д)	442 500
10	邮政车"ПОСТ"	422 500
11	带邮政间的行李车	457 500

二、中、朝、蒙与白、拉、立、摩、俄、乌(兹)、乌(克)、爱各路间适用的客车价格表

顺号	名　　称	价格(瑞士法郎)
1	全钢四轴无导框转向架的无包房硬席客车,装有滚柱轴承	345 188
2	全钢四轴无导框转向架的包房软席客车,装有滚柱轴承	491 909
3	全钢四轴无导框转向架的包房硬席客车,装有滚柱轴承	360 638
4	全钢四轴无导框转向架的邮政车,装有滚柱轴承	332 698
5	全钢四轴无导框转向架的行李车,装有滚柱轴承	277 499
6	全钢四轴无导框转向架的餐车,装有滚柱轴承	330 750

附件10(第10条)

备 品 单

第______号车备品单		
名　　称	数　　量	单价(瑞士法郎)
包 房 内 镜　　子		
窗　　帘		
小 地 毯		
厕所和盥洗室内 镜　　子		
肥 皂 盒		
水　　箱		
垃 圾 箱		
过 道 内 手提灭火器		
小 地 毯		
带盖保险盒		
备用灯泡		
窗　　帘		

所属路______________地点______________日期__________

编制处所______________________签字__________

注:如车辆有12位代号,则车号和所属路用12位数字代号代替。

附件 11（第 12 条）

备用零件申请单

备 用 零 件 申 请 单

收件人 ....

地　址 ....

为修理第......号车辆

请将下列备用零件寄来：..

请按下列地址寄送备用零件：..

....

ПГВ

....

....

签字......

戳记

注：字母“ППВ”为红色。

画其他略图的地方

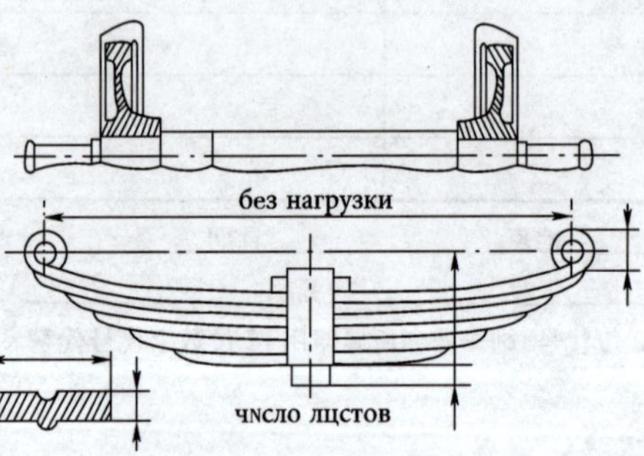

附件 12(附件 1 第 10 条)

1 435 mm 轨距铁路客车采用集中电气取暖的区段一览表

顺号	铁路	区段名称	电流种类、电压和频率	备注
1	保加利亚共和国	索菲亚—普罗夫迪夫—旧扎果腊—卡尔诺巴特—布尔加斯 索菲亚—卡尔洛沃—卡尔诺巴特—新捷尔—瓦尔纳 普罗夫迪夫—卡尔洛沃 普罗夫迪夫—阿塞诺夫格勒 索菲亚—梅兹德腊—奥里亚霍维察城—新捷尔—瓦尔纳 舒曼—科穆纳里—卡尔诺巴特 索菲亚—奥里亚霍维察城—鲁塞 鲁塞—卡斯皮昌—瓦尔纳 鲁塞—奥里亚霍维察城—图洛沃—旧扎里腊 瓦尔巴诺沃—加布洛沃 索菲亚—梅兹德腊—布鲁萨尔齐—维京 布鲁萨尔齐—罗姆 博伊齐诺维齐—别尔科维察 索菲亚—佩尔尼克—杜普尼察 索菲亚—沃卢亚克—佩尔尼克 杜普尼察—博博夫多尔	单相交流 1 500 V,50 Hz	
2	匈牙利共和国	匈铁全部路网	单相交流 1 500 V,50 Hz	
3	波兰共和国	华沙—奥特沃茨克—皮俩瓦—杰尼林—卢布林 华沙—明斯克—马佐维茨基—谢德耳策—卢库夫—特雷斯波尔 华沙—特鲁什 华沙—洛维奇—库特诺—科宁 波兹南—库诺维策 洛维奇—斯克尔涅维策—皮俩瓦—卢库夫 华沙—斯克尔涅维策—科卢什基—琴斯托霍瓦—宗普科维策 肖邦尼策—卡托维兹—格利维策—琴斯托霍瓦—格尔贝—沃波累 格罗德涅克 马佐维茨基—扎维尔切(中央干线) 卡托维兹—夏科瓦—克拉科夫—热舒夫—普热梅斯里—梅地卡	直流 3 000 V	

续上表

顺号	铁路	区段名称	电流种类、电压和频率	备注
3	波兰共和国	宗普科维策—夏科瓦 格利维策—肯杰任—沃波累—弗罗茨拉夫 格利维策—斯特热里策—沃波累 沃波累—布热克—弗罗茨拉夫—耶累尼亚古腊 卡托维策—泽布日伊多维策 格但斯克—格丁尼亚—维赫洛沃 格但斯克—格但斯克新港 华沙—腊多姆—斯卡尔斯科—克拉科夫—扎科帕内 腊多姆—登布林 弗罗茨拉夫—列希诺—波兹南—克伊日—什切青—施维诺威施切 塔尔努夫斯基 古腊—比得哥煦—格丁尼亚	直流 3 000 V	
4	罗马尼亚	布加勒斯特北—罗肖里—什拉约瓦—蒂米什瓦拉 布加勒斯特北—阿拉德—库尔吉其 菲里阿什—佩特罗尚—杰瓦—梅契亚 布加勒斯特北—普洛耶什蒂 布拉索夫—其切乌—杰达—贝克良(索梅希河)索米什—杰日 凯莱托里 布加勒斯特北—普洛耶什蒂—布泽乌—阿朱德—奥尔曼—苏哈瓦北 阿朱德—季米什—其切乌 布泽乌—福雷 布加勒斯特北—秋尔尼查—弗特什蒂—康斯坦萨	单相交流 1 500 V,50 Hz	
5	斯洛伐克共和国	斯(股)铁整个路网	直流 3 000 V 或单相交流 1 500V,50 Hz	车辆应适合两种制式

附件 13（附件 1 第 13 条）

车辆所属标记

CFR

如地方不够，标记的最低高度为 100 mm。

标记的厚度按标记高度相应标准确定。

附件 14(附件 1 第 13 条)

所属路标记一览表

国际旅客联运中运用的车规协约成员
路车辆上涂写的车辆所属路标记一览表

路名全称	铁路简称或标记*
白俄罗斯铁路	БЧ/BC
保加利亚铁路	БДЖ/BDZ
匈牙利铁路	MAB/MAV
格鲁吉亚铁路	ГР/GR
哈萨克斯坦铁路	КЗХ/KZH
朝鲜铁路	ЗЧ/ZC
吉尔吉斯铁路	КРГ/KRG
中国铁路	КЖД/KZD
拉脱维亚铁路	ЛДЗ/LDZ
立陶宛铁路	ЛГ/LG
摩尔多瓦铁路	ЧФМ/CFM
蒙古铁路	МТЗ/MTZ
波兰铁路	ПКП/PKP
罗马尼亚铁路	ЧФР/CFR
俄罗斯铁路	РЖД/RZD
斯洛伐克铁路	ЗССК/ZSSK
塔吉克铁路	ТДЖ/TDZ
乌兹别克铁路	УТИ/UTI
乌克兰铁路	УЗ/UZ
爱沙尼亚铁路	ЭВР/EVR

* 根据铁组/铁盟约 920—1 备忘录。

附件 15(附件 1 第 13 条)

车内席位数量标记

(1)用于 1 520 mm 轨距铁路

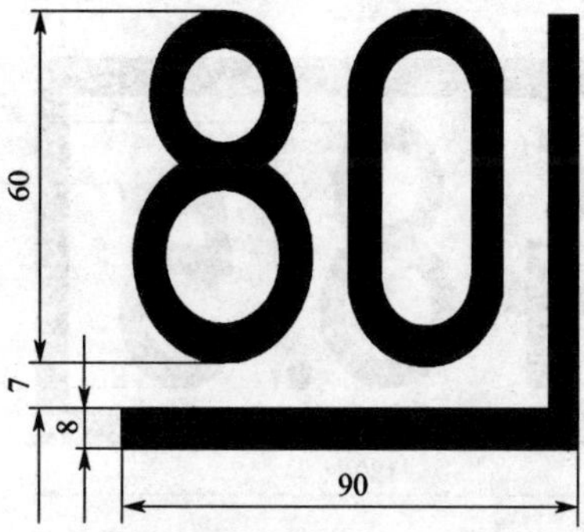

(2)用于欧洲 1 435 mm 轨距铁路

一等客车标记:

自重,包括 50% 的贮水量(左方)

总重(右方)

座位数(下方)

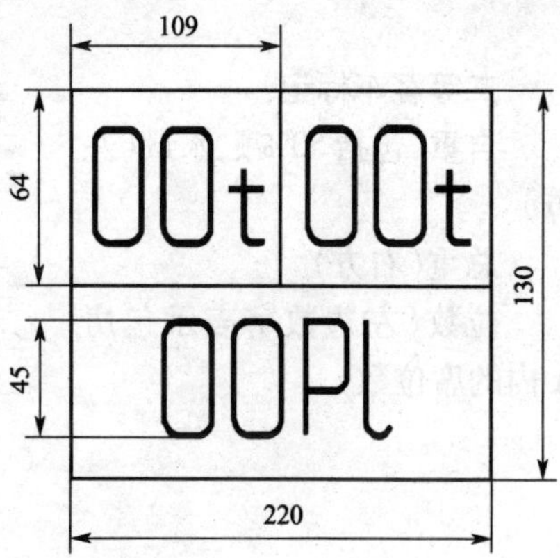

附件 16(附件 1 第 13 条)

车辆自重标记

(1)用于 1 520 mm 轨距铁路

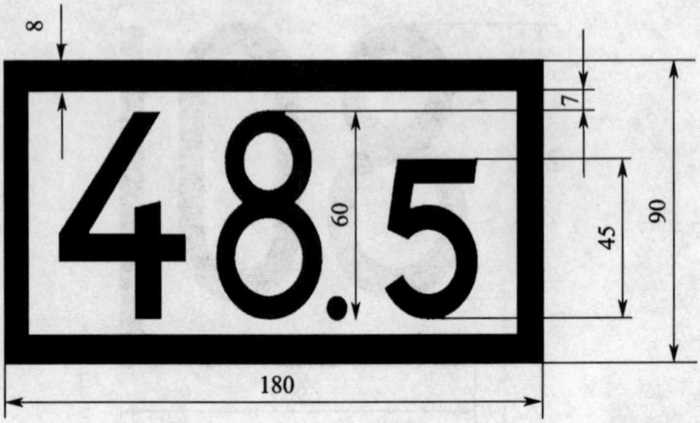

(2)用于欧洲 1 435 mm 轨距铁路

二等客车标记：

自重,包括 50% 贮水量(左方)

总重(右方)

位数(左边数字表示包房 A 内的席位数)

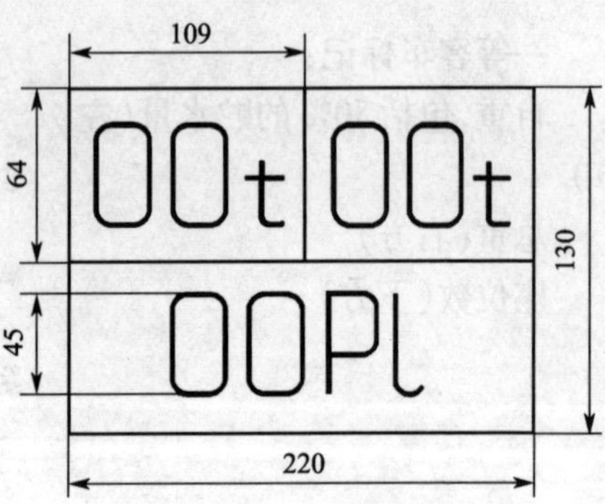

附件 17(附件 1 第 13 条)

行李车载重标记

(1)用于 1 520 mm 轨距铁路客车

(2)用于欧洲 1 435 mm 轨距铁路

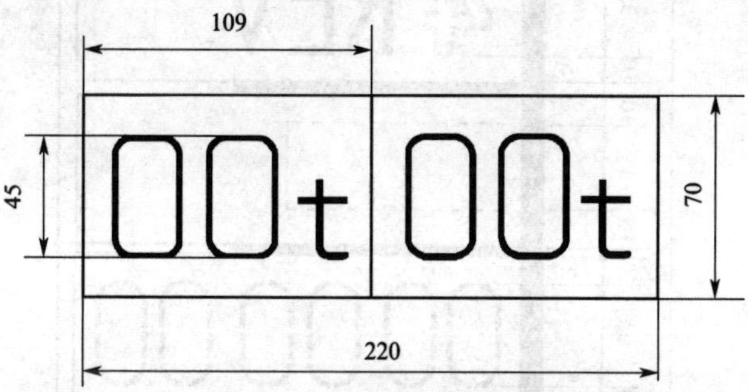

邮政车和行李车标记:
车辆自重,包括 50% 贮水量(左方)
总重(右方)

附件 18（附件 1 第 13、14 条）

车辆定期修理和检查标记

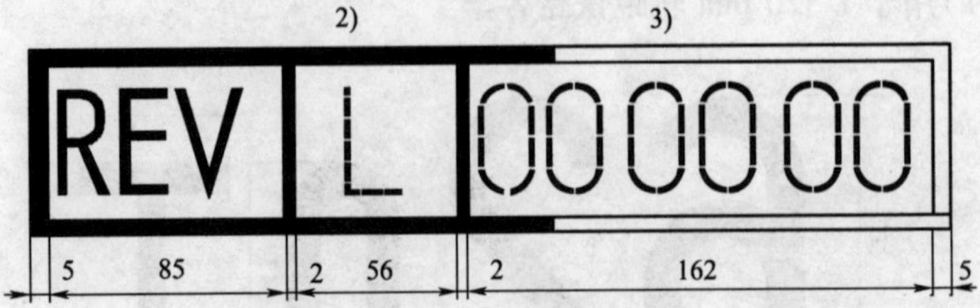

图 1

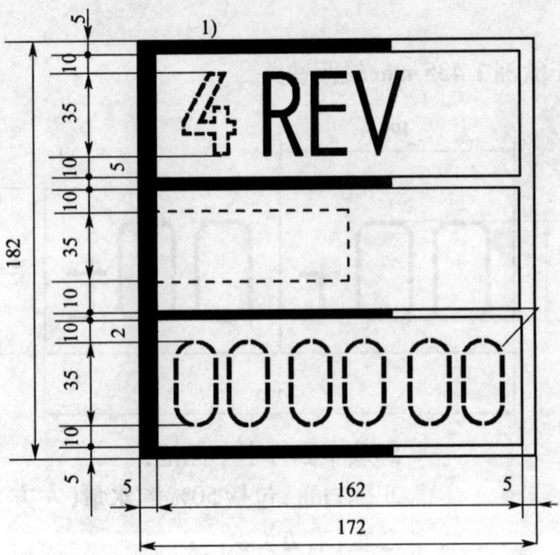

图 2

1）修理或检查期限周期。由客车规则附件 1 第 14 项规定。

2）负责进行车辆定期修理或检查的企业标志（对于 1 520 mm 轨距铁路车辆标明企业代号）。

3）进行定期修理或检查的日期。

附件 19(附件 1 第 13 条)

自动制动机类型

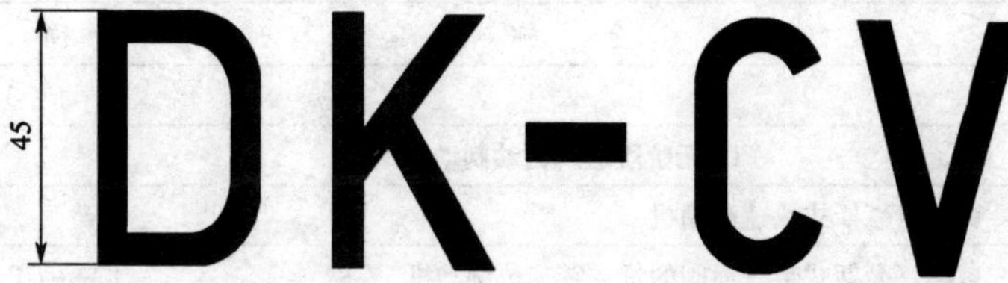

附件20(附件1第13条)

国际联运中使用的空气自动制动机全称和简称一览表

序号	全　　称	简　　称
1	2	3
1	**1. 无阶段缓解自动制动机**	
1.	威斯汀豪斯式快速制动机	W
1.2	威斯汀豪斯式带三通阀的货-客二位制动机	W-GP
1.3	威斯汀豪斯式带三通阀的客车制动机	W-P
1.4	克诺尔式货-客二位制动机	K-GP
1.5	马特洛索夫式客车快速制动机	M-292
1.6	104型客车制动机	K-104
2	**2. 阶段缓解自动制动机**	
2.1	孔茨—克诺尔式货-客二位制动机	Kk-GP
2.2	基里杰勃兰特—克诺尔式客车制动机	Hik-P
2.3	基里杰勃兰特—克诺尔式货-客二位制动机	Hik-GP
2.4	基里杰勃兰特—克诺尔式货-客-快三位快速制动机	Hik-GPR
2.5	威斯汀豪斯式客车制动机	W-LN
2.6	克诺尔KE式客车制动机	KE-P
2.7	克诺尔KE式带有按货重自动调整制动力的货-客二位制动机	KF-GP-A
2.8	KE式R型带速度调节器和防滑装置或无此装置的货-客-快三位快速制动机	KE-GPR
2.9	包日茨式C型带有按自重自动调节装置的货-客二位制动机	Bo-GP
2.10	包日茨式CD型按货重自动调整制动力的货-客二位制动机	Bo-GP-A
2.11	达哥式C、CV、CD、CVD、CVID型客车制动机	DK-P
2.12	达哥式C、CV、CVI、CD、CVD、CVID型货-客二位制动机	DK-GP
2.13	达哥式CD、CVD、CVID型按货重自动调整制动力的货-客二位制动机	DK-GP-A
2.14	CV式R型带速度调节器和防滑装置或无此装置的客-快二位快速制动机	DK-PR
2.15	奥耶尔李广式ES13型货-客二位制动机	0-GP
2.16	奥耶尔李广式EST/R型客车快速制动机	0-PR

续上表

序号	全　称	简　称
2.17	奥耶尔李广式 ESt – AL 型按货重自动调整制动力的货 – 客二位制动机	O – GP – A
2.18	勃列德式客车制动机	Bd – P
2.19	勃列德式货 – 客二位制动机	Bd – GP
2.20	勃列德式客 – 快二位客车快速制动机	Bd – PR
2.21	客车 SAB – WABCO 系统制动机	SW

附件 21（附件 1 第 13 条）

车辆限界标记

（符合 0－BM 限界）

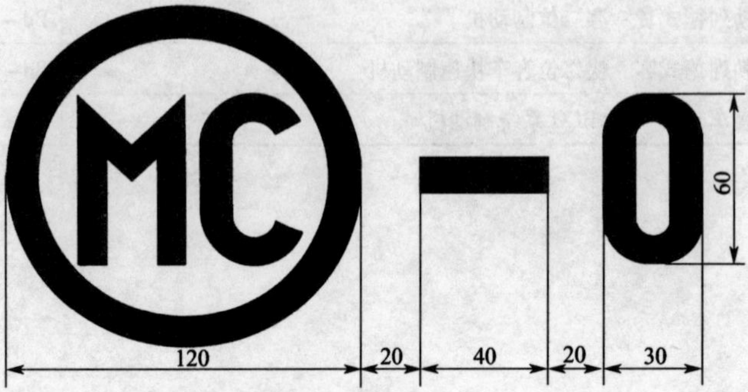

附件22(附件1第13条)

车辆限界标记

(符合1-BM限界)

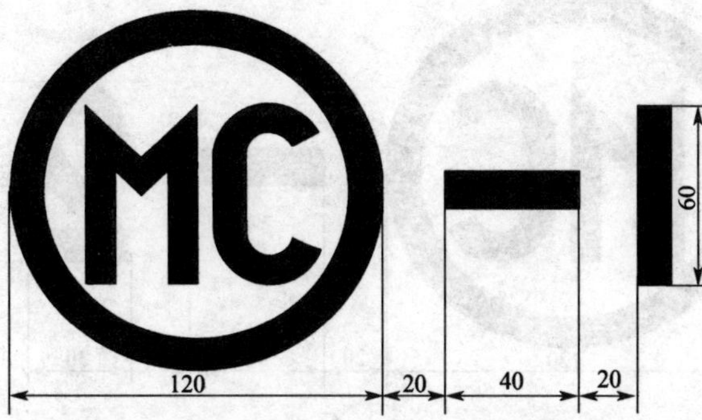

附件 22 之 1(附件 1 第 13 条)

车辆限界标记

(符合 2 - BM 限界)

附件 23（附件 1 第 8 条）

装有非金属闸瓦的车辆标志

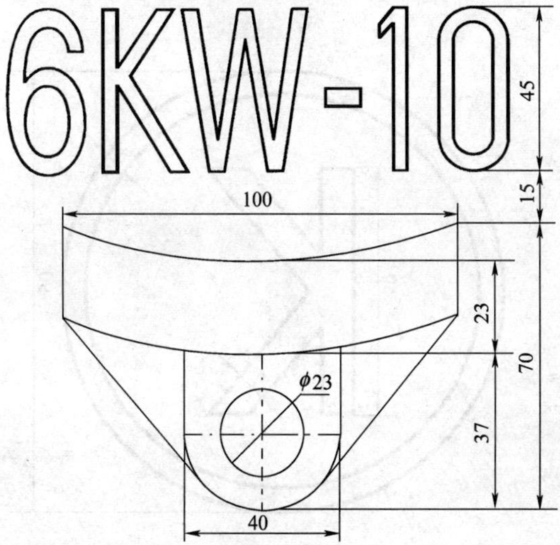

图 1

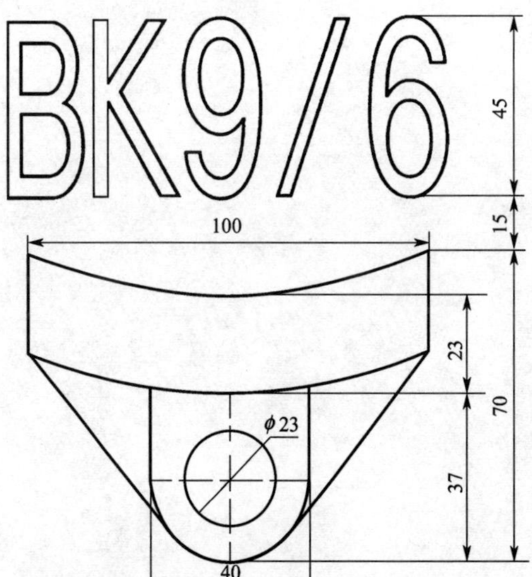

图 2

（附件 1 第 13. 1. 9 条）

装有非金属闸瓦的车辆标志

图 3

附件 24（附件 1 第 13 条）

车上装有特殊车梯的标志

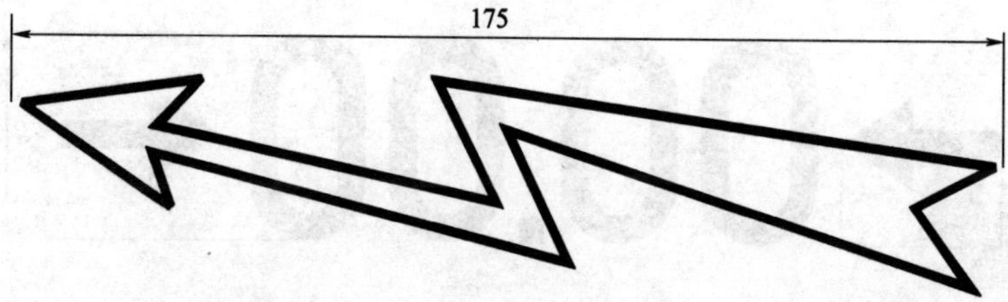

（箭头长度不小于 175 mm）

附件 25（附件 1 第 13 条）

转向架轴距

附件 26（附件 1 第 13.1.12 项）

装有变距轮对的车辆

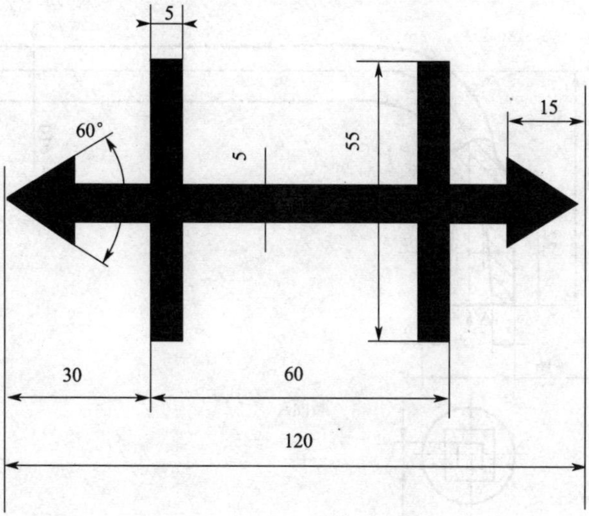

附件 27（附件 1 第 9 条）

客车扳手示意图

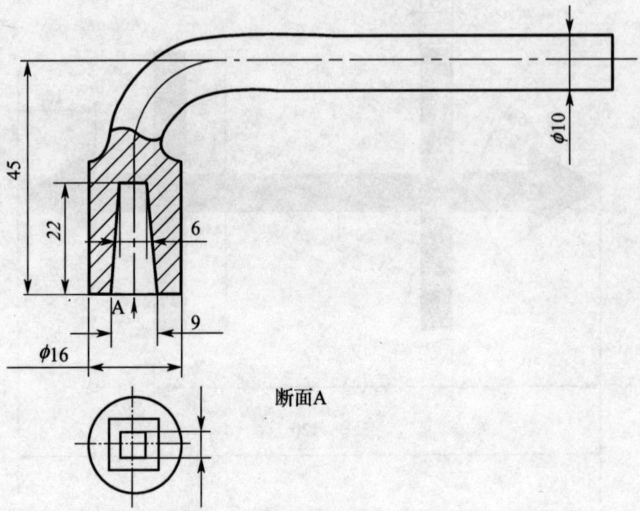

套筒扳手

附件 28(附件 1 第 2. 6 项)

轮缘外导面的容许剖面、容许的轮缘和不容许的轮缘

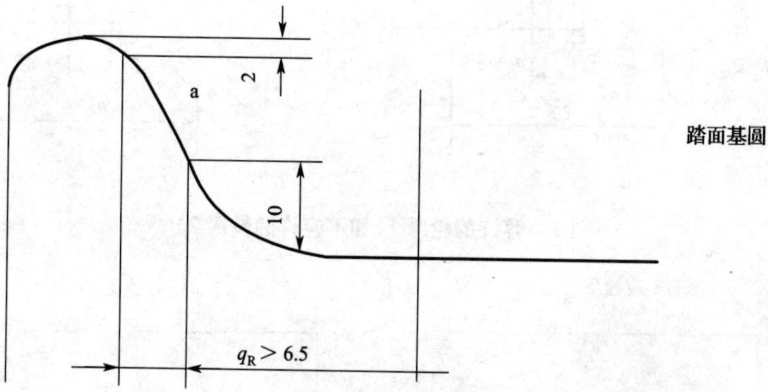

图 1　轮缘外导面的容许剖面(外导面不得有突出部分或磨耗)

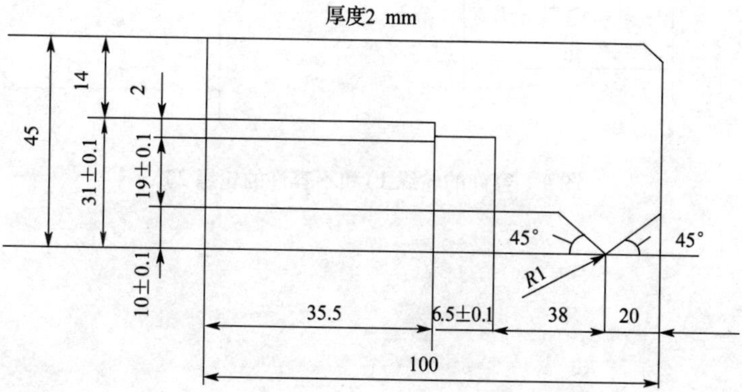

图 2　检查轮缘值的量规

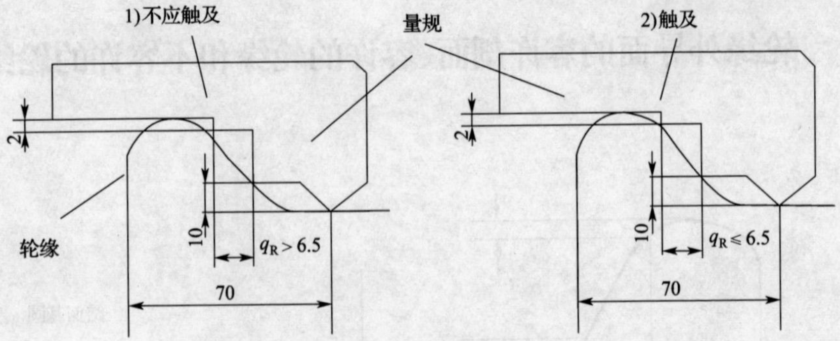

图 3　容许的轮缘 1）和不容许的轮缘 2）

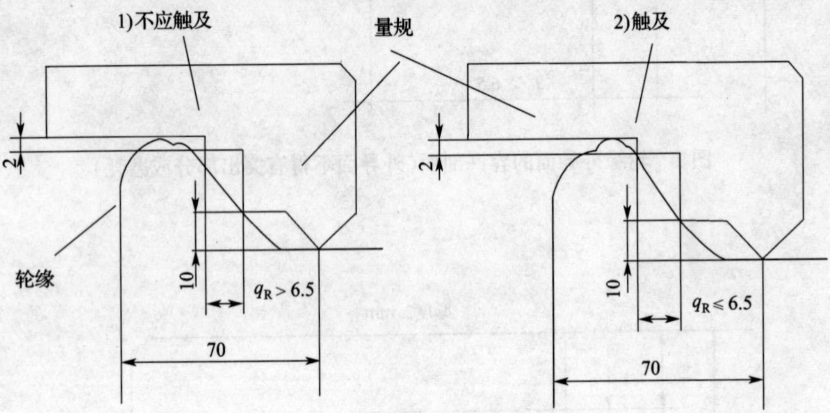

图 4　容许的轮缘 1）和不容许的轮缘 2）

附件 29(第 2 条)

客车席位编号[1)]

一等客车(设有通道)

1	2	3	4	5	6	7	8	9	10
15 16	25	35	45	55 56	65 66	75 76	85 86	95 96	105
13 14	26	36	46	53 54	63 64	73 74	83 84	93 94	106
	23	33	43						103
11 12	24	34	44	51 52	61 62	71 72	81 82	91 92	104
	21	31	41						101
	22	32	42						102

二等客车(设有通道)

1	2	3	4	5	6	7	8	9	10	11	12
15	25	35	45	55	65	75	85	95	105	115	125
16	26	36	46	56	66	76	86	96	106	116	126
17	27	37	47	54	64	74	84	94	104	114	124
14	24	34	44	57	67	77	87	97	107	117	127
13	23	32	43	53	63	73	83 88	93	103	113	123
18	28	38	48	58	68	78	81	98	108	118	128
11	21	31	41	51	61	71	82	91	101	111	121
12	22	32	42	52	62	72		92	102	112	122

坐卧车(设有排列座位)

65	61	55	51	45	41	35	31	25	21	15	11	5	1
66	62	56	52	46	42	36	32	26	22	16	12	6	2
68	54	58	54	48	44	38	34	28	24	18	14	8	4
67	63	57	73	47	43	37	33	27	23	17	13	7	3

---

1)二等客车 6 个席位的包厢席位编号与一等客车 6 个席位的包厢相符。此项规定不适用于 1 520 mm 轨距铁路、中铁和朝铁的车辆。

一等客车(侧面通道)

15	25	35	45	55	65	75	85	95	105	115	125
16	26	36	46	56	66	76	86	96	106	116	126
13	23	33	43	53	63	73	83	93	103	113	123
14	24	34	44	54	64	74	84	94	104	114	124
11	21	31	41	51	61	71	81	91	101	111	121
12	22	32	42	52	62	72	82	92	102	112	122
1	2	3	4	5	6	7	8	9	10	11	12

二等客车(侧面通道)

15	25	35	45	55	65	75	85	95	105	115	125
16	26	36	46	56	66	76	86	96	106	116	126
17	27	37	47	54	64	74	84	94	104	114	124
14	24	34	44	57	67	77	87	97	107	117	127
13	23	32	43	53	63	73	83	93	103	113	123
18	28	38	48	58	68	78	88	98	108	118	128
11	21	31	41	51	61	71	81	91	101	111	121
12	22	32	42	52	62	72	82	92	102	112	122
1	2	3	4	5	6	7	8	9	10	11	12

附件30(第7条)

客车规则费率表

顺号	费率名称	瑞士法郎	车规项
1	2	3	4
1	车辆有效走行不能补偿的空车走行补偿(车轴公里)	0.033 8	第7.4项
2	超过2年期限的不平衡走行费(车轴公里)	0.022 5	第7.6项
3	客车换轮费	100	第7.7项

附件 31（第 2.4 项）

吸烟者和不吸烟者包间的分布和编号[1)]

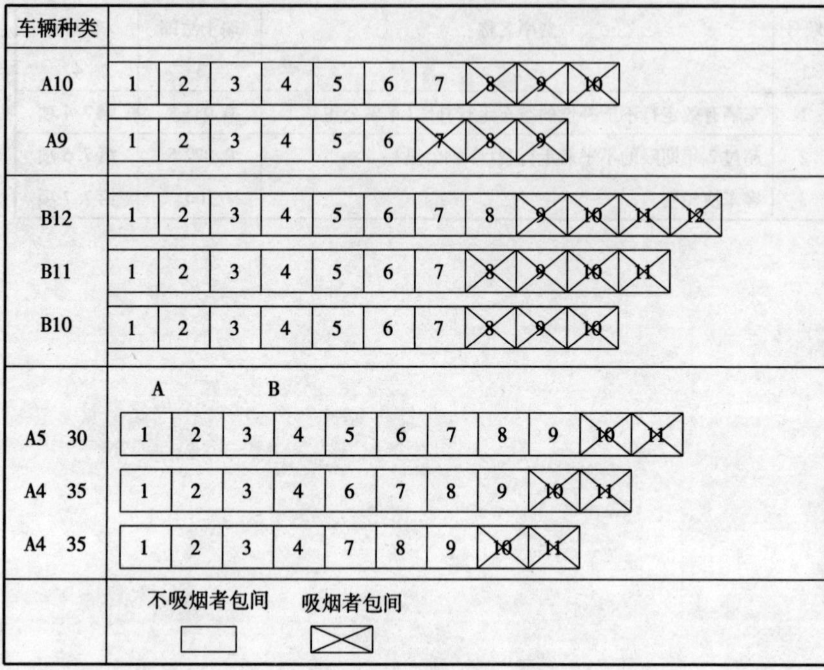

吸烟者和不吸烟者包间都应以相应的象形图表示。

1）此规定不适用于中铁、朝铁 1 520 mm 轨距铁路的车辆。

图 1（附件 1）

1 520 mm、1 435 mm、1 000 mm 轨距限界图

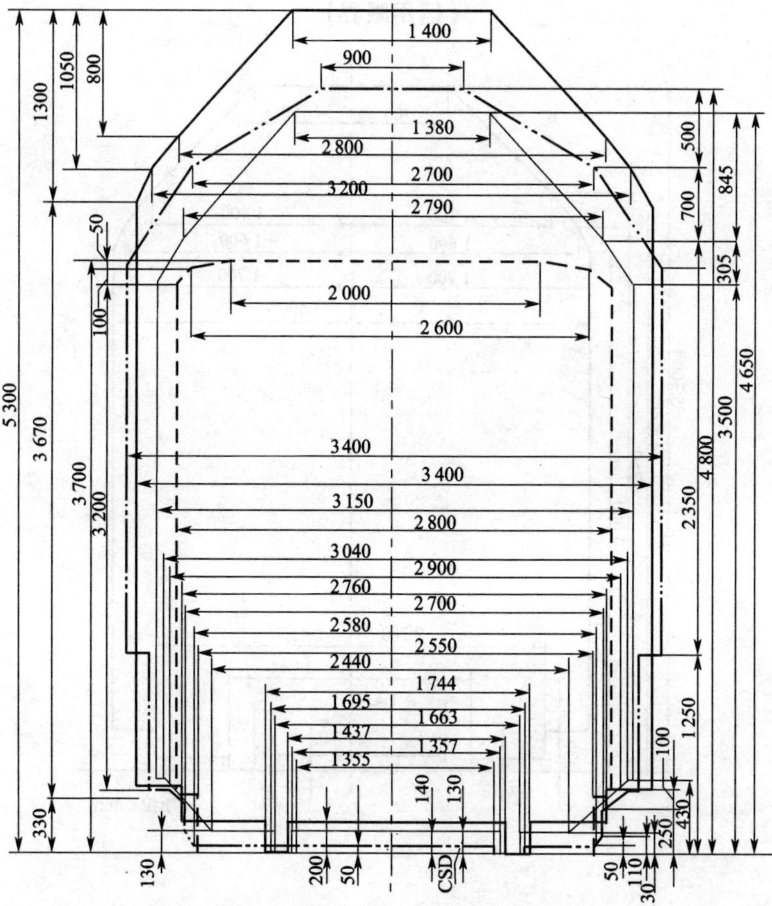

——1 520 mm 轨距铁路；－·－·－ 中铁、朝铁；　　单位：mm

－ － － － 越铁；———— 保铁、匈铁、波铁、罗铁、斯（股）铁。

图 1 之 1(附件 1)

1 520 mm 轨距铁路车辆限界

(运用限界)

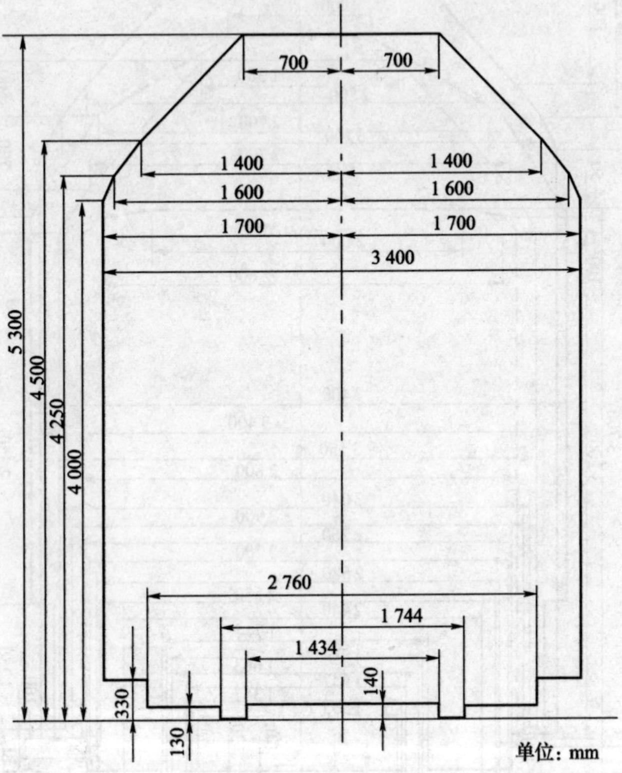

图1之2(附件1)

中、朝、越三路1 435 mm轨距车辆限界

(运用限界)

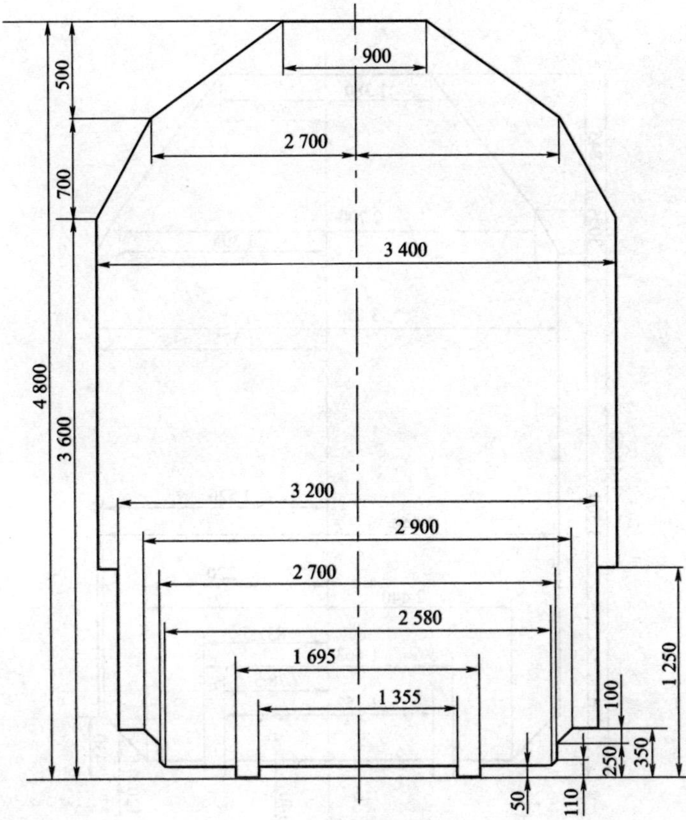

图1之3(附件1)

保、匈、波、罗、斯(股)各路1 435 mm轨距车辆限界及1 520 mm轨距铁路车辆限界(02－BM)

(运用限界)

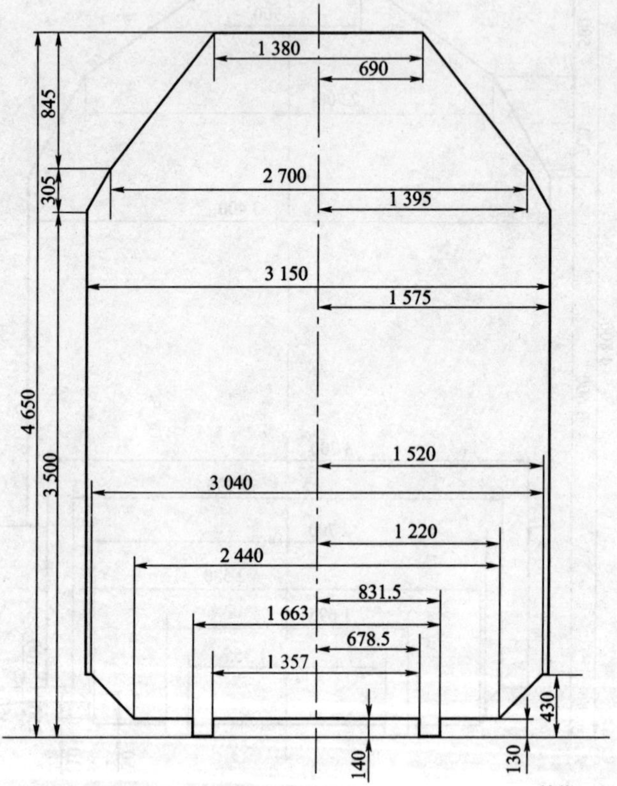

单位：mm

图1之4(附件1)

越铁1 000 mm轨距车辆限界

(运用限界)

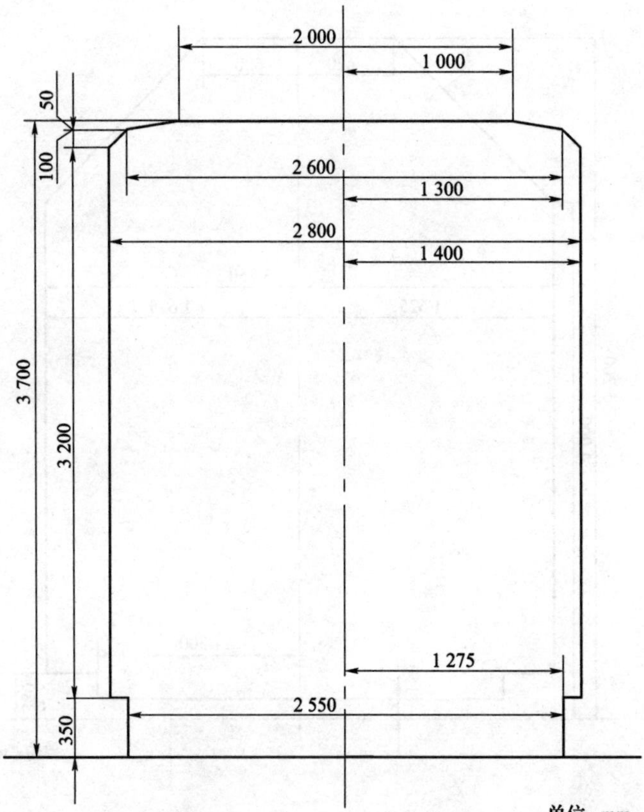

单位: mm

图 1 之 5(附件 1)

1 520 mm 轨距铁路装载图

(装载限界)

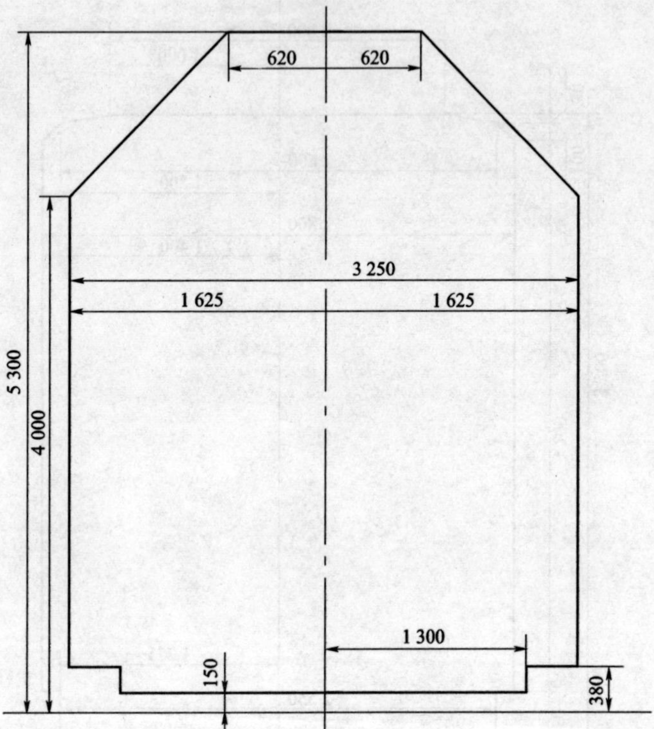

图 1 之 5 –1(附件 1)

越铁 1 435 mm 轨距装载图

(装载限界)

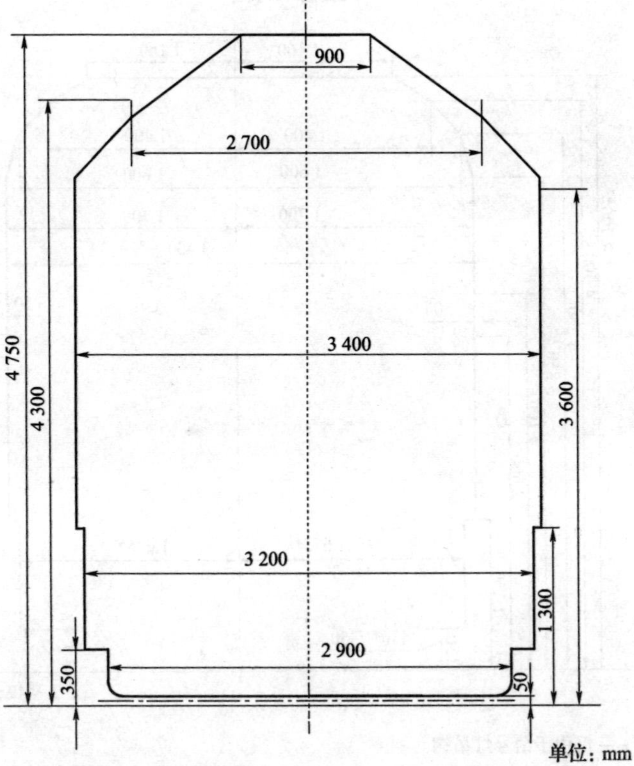

根据约＋建 500 备忘录

图 1 之 6（附件 1）

1－BM 机车车辆基本限界

（上部限界）

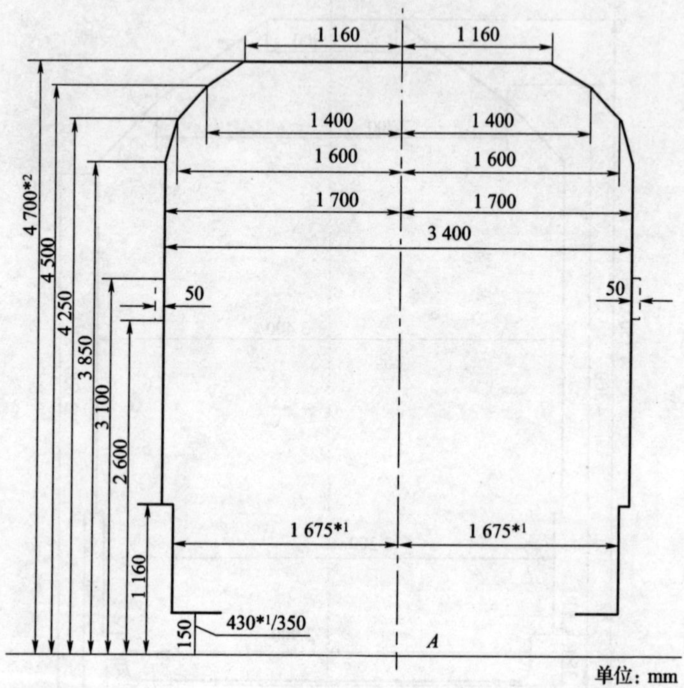

－－－仅用于信号灯吊钩。

*1 自轨面算起 430/350 至 1 160 mm 高度处机车车辆宽度，不得超过 3 250 mm。

*2 对于施行本限界以前制造的机车车辆，该尺寸可为 4 725 mm。

*3 见 02a、02B 和 02c。

A—轨面标高。

根据约+建500备忘录

图1之7(附件1)

0–BM限界

上部限界

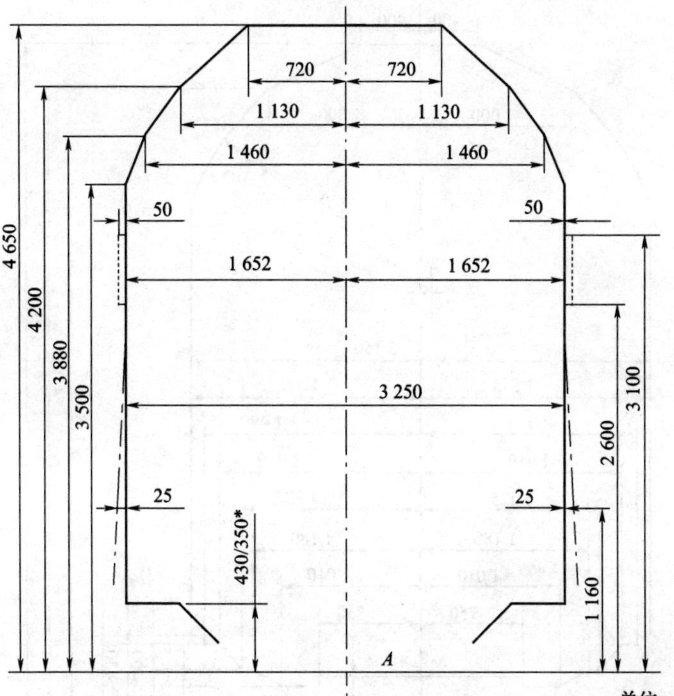

—·—仅在某些线路上允许加宽的限界，其线路名称一览表由铁路管理机关规定并寄送车规协约各参加路。

*02a、02B和02c。

------------只用于复线线路间距离不小于3 600 mm时的信号灯吊钩。

A—轨面标高。

图 1 之 8

保、匈、波、罗、斯(股)各路，除前述机车车辆限界外，还可采用根据约 + 建 500/4 备忘录附件 6 规定的机车车辆限界

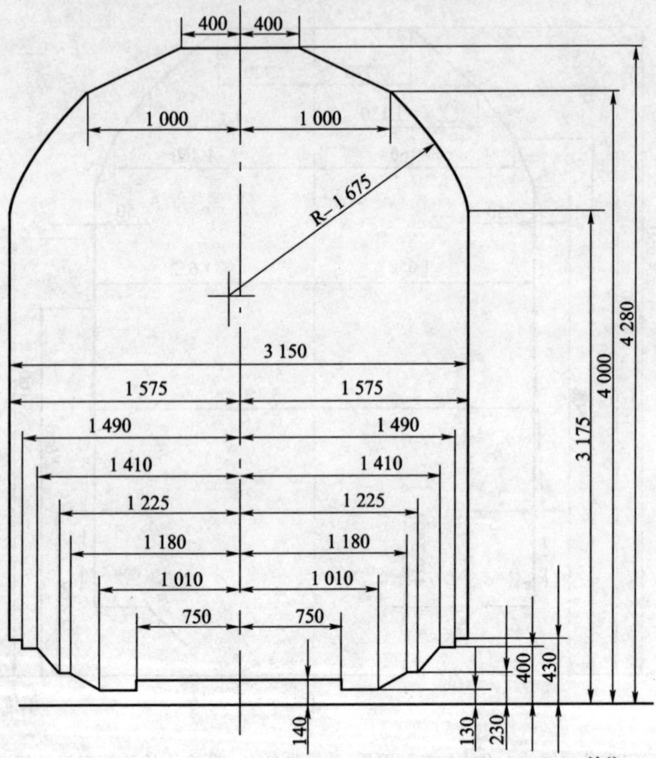

单位：mm

出 版 说 明

本规则是铁路合作组织(铁组)范围内制定的国际铁路旅客运输基本规章之一。根据2008年5月1日在德黑兰签订的《关于国际联运客车使用规则的协约》,自2009年1月1日起,白俄罗斯,保加利亚,伊朗,哈萨克斯坦,中国,朝鲜,拉脱维亚,立陶宛,摩尔多瓦,蒙古,波兰,俄罗斯,罗马尼亚,斯洛伐克,塔吉克斯坦,乌兹别克斯坦,爱沙尼亚各国铁路间国际铁路旅客联运中适用本规则。

本规则用铁组正式语文中文和俄文写成,两种文本具有同等效力。在条文解释上发生分歧时,以俄文本为准。

本规则在中国铁路由铁道部国际合作司负责解释,中、俄文本由李宝仁审校。